査定規制と
労使関係の変容

全自の賃金原則と日産分会の闘い

吉田　誠　著

大学教育出版

査定規制と労使関係の変容
―― 全自の賃金原則と日産分会の闘い ――

目　次

第1章　問題意識と研究対象 ……………………………………3
1. 本書の問題意識……………………………………………………3
2. 研究対象について…………………………………………………5
3. 全自の賃金原則と六本柱の賃金 ………………………………10
4. 先行研究における評価 …………………………………………14
5. 1952年秋の賃上闘争を主たる対象とする理由 ………………17
   (1) 日産争議における賃上問題の取り扱い　17
   (2) 1952年秋の賃上闘争の概略　20
   (3) 本書の構成　21

第2章　全自の賃金原則と査定規制 ……………………………27
1. 1952年初頭の賃金原則のプロトタイプ ………………………29
2. 1952年夏の方針 …………………………………………………32
   (1) ベース・アップ闘争への反省　32
   (2) 電力産業の「職階給」に対する批判　35
3. 当時の日産の賃金 ………………………………………………37
   (1) 賃金体系　38
   (2) 賃金格差　40
4. 人事考課の扱い …………………………………………………47
5. 小括 ………………………………………………………………53

第3章　1952年秋の賃上闘争と六本柱の賃金 …………………59
1. 「業種別」賃金の断念 …………………………………………60
   (1) 「闘争の組織方針」　61

(2) 1952年9月10日「賃金闘争の組織」　63
　　　(3) 1952年9月21日「賃金問答：中央執行委員長にきく」　65
　2　日産分会における要求書作成過程 …………………………………67
　3　六本柱の賃金の特徴 ……………………………………………………69
　　　(1) 熟練度＝経験年数のみが残った理由　69
　　　(2) 六本柱の賃金と同一労働同一賃金　73
　4　小括 ……………………………………………………………………78

第4章　経営側から見た全自の賃金原則 ……………………………………83
　1　1952年秋の賃上闘争時の批判 …………………………………………84
　2　1953年賃上闘争時の批判 ………………………………………………87
　3　日経連の批判 ……………………………………………………………89
　4　小括 ……………………………………………………………………91

第5章　日産分会のプレミアム闘争と賃金原則 ……………………………93
　1　プレミアム賃金の概略 …………………………………………………95
　2　「就いて」文書における基本率の解説 ………………………………98
　3　1952年以前のプレミアム賃金をめぐる問題 ………………………100
　4　1952年のプレミアム闘争と秋の賃上闘争 …………………………103
　5　小括 …………………………………………………………………108

第6章　全自の賃金原則と日産労組の賃金四原則 ………………………112
　1　日産労組の賃金四原則 ………………………………………………113
　2　賃金と企業の枠 ………………………………………………………114

3　同一労働同一賃金論と査定規制……………………………119
　　　4　小括………………………………………………………………123

第7章　全自解散前後の日産における労使関係……………………126
　　　1　組合の名称問題………………………………………………130
　　　2　分会への攻撃…………………………………………………132
　　　　(1)　日産労組による分会のビラの受け取り禁止　132
　　　　(2)　分会の影響力　136
　　　　(3)　待命制度　143
　　　3　職場の変容——サービス残業の登場……………………146
　　　4　小括………………………………………………………………151

第8章　結　語………………………………………………………………158

付　録　全自日産分会関連年表……………………………………165

あとがき………………………………………………………………………185
参考文献………………………………………………………………………190
索　引…………………………………………………………………………194

査定規制と労使関係の変容
―― 全自の賃金原則と日産分会の闘い ――

第1章

問題意識と研究対象

1　本書の問題意識

　本書は1950年代前半が日本の企業の労使関係や人事管理の重要な転換点をなしていたという理解にたち、その質的転換のもつ意味をある産業別組合の賃金政策とその下部組織による賃上闘争を検討することで明らかにしたい。この時期に、その後の企業社会的秩序[1]の萌芽が見られ、逆にそれとは異なる体制へと向かう道筋が断たれことを示そう。

　1950年代前半とは戦後労使関係の展開からすると曲がり角にたった時代である。すなわち、終戦直後の労働攻勢によって形成された秩序からの脱却が進んだ時期である。既に1940年代末ともなると、人事権を主柱とした経営権の奪還を主張する日本経営者団体連盟（日経連）が結成され、労働組合運動への対抗を強め、労働組合法の改正、ドッジ・ラインに伴う人員整理、レッドパージなどGHQ、政府、そして経営側からの攻勢が続いていた。そして1950年代に入って、その勢いはさらに増していた。

　また労働組合の側でも、大きな潮流の変化が進んでいた。戦後初期に大きな力を持っていた産別会議は、民主化同盟（民同）の台頭や分裂などによって大きく影響力を削がれた。GHQの梃入れもあり、総同盟や民同系組合を母体として日本労働組合総評議会（総評）が1950年に結成され、その後の労働運動の覇権を握ることになった。しかし、その総評も「ニワトリからアヒルへ」と言われる左旋回を経験した。高野実が事務局長に就任し、「職場闘争」や「地域闘争」を主導することになる、いわゆる高野総評時代を迎えることになったので

ある。

　1950年代前半とは、まさに高野総評の時代であるが、しかしその華々しい闘争の背後で、経済主義への胎動が生じていたことも無視できない。春闘を定着させることになる太田総評への交代が、まさに1950年代半ばであったことに象徴されるように、この時期には次の時代を準備する大きな地殻変動が生じていたと理解すべきではなかろうか。

　要するに、1950年代前半とは「戦後危機の時代（1945〜50年）」から「相対的安定期（1955〜65年）」（山本，1977，p.4）への橋渡し、地均しが行われた時期であり、その後を主導する新たな労使関係の像が模索されていた時期とみることができる。

　この1950年代前半の賃金制度をめぐる課題について見るならば、戦後の生活給のモデルとなり、大きな影響を与えた電産型賃金が見直しに入った時期でもある。敗戦直後の飢餓状況からまがりなりにも脱却し、朝鮮特需を契機として戦前レベルの経済水準への復帰が近づいていた。経済の立ち直りをうけて、生活給にかわる新たな賃金決定の論理が模索されていたのである。

　敗戦後の混乱によってもたらされた飢餓レベルの状況においてはやむをえなかった年齢や世帯構成員数に応じた一律の生計費に基礎を置く賃金も、経済の復興が進むなかで次第に疑問視、問題視されるようになり、新たな賃金決定原理の模索が始まっていたのである。既に電産型賃金もその能力給部分が拡大し[2]、単純な生活給とは言い難くなっていたが、経営側はその根本的な変質を目論み、米国型の職務給や職階給への切り替えを主張していた。生活給から仕事ベースの賃金への転換を梃子として、経営側主導の賃金決定への復帰が強く意識されるようになっていたのである。

　他方、労働組合の側からは生活給の考え方を深化させた方針が出てきていた。総評が1952年に発表した賃金綱領では「マーケット・バスケット方式」（全物量方式）が登場し、組合員による生活のあるべき姿の討議に基づいた賃金額の決定を目指した（千葉，1998，p.136）。日本国憲法第25条の「健康で文化的な最低限度の生活を営む権利」を掲げ、その具体化として構想されたこのマーケット・バスケット方式は、カロリー計算に基づく理論生計費（エンゲル係数方

式）からの質的転換を意味し（西村・吉村，1960，p.90）、経済復興後の大幅な賃上げを基礎付けようとしていたのである。

　近年、電産型賃金を再検討する動きが出てきている。その背景には、1990年代後半における賃金の成果主義化や、同一価値労働同一賃金の実現を目指す運動の登場[3]を踏まえて、「賃金の決め方」という観点から日本の賃金を再考する必要が出てきたことがある（熊沢，1997、遠藤，2005、小越，2006など）。戦後の年功型賃金の出発点をなす電産型賃金の形成過程に遡ることで、その制度の背後にある賃金思想を明らかにしようという試みである。能力給、査定、家族賃金といった観点が取り上げられ、電産型賃金と戦後から今日に至るまでに形成されてきた賃金制度との連続、非連続が問題になっているのである[4]。

　本書では、こうした関心を共有しながらも、別の視角から別の対象にアプローチする。すなわち、上述したような戦後の労使関係をめぐる歴史的展開のなかで、変質が迫られていた電産型賃金に労働組合がどのような視点からどのように対応しようとしていたのかを検討する。そして賃金の決め方や賃金闘争のあり方の変化、およびそれへの経営側の対応を検討するなかで、何が現代へと継承され、何が現代に残らなかったのかを考えることにしたい。

2　研究対象について

　さて、上述した問題意識、すなわち1950年代前半期における賃金制度の労使の争点は何で、労働組合側はいかなる賃金決定の原理を模索したのかということについて、本書では具体的な研究対象として全日本自動車産業労働組合（以下、全自と略）の賃金原則を取り上げ、その具体的展開を日産自動車株式会社（以下、日産と略）における日産自動車分会（以下、日産分会と略）の賃上闘争において検討する。

　総評最左派[5]として知られる全自のこの時期の賃金政策および日産における賃上闘争を取り上げる理由にはいくつかある。一つは全自が、額的に「生活保障」で下支えされた「同一労働同一賃金」を柱とする「賃金原則」を打ち出し、

これに基づいた賃金闘争に着手していたということが大きい。先にも述べたように、この時期、日経連など経営サイドはアメリカ型の職務給・職階給の導入を喧伝していたが、自動車産業では組合側が「同一労働同一賃金」の原則に立つ賃金で対抗しようとしたということに検討の対象とすべき理由がある。いかなる意味で、同一労働同一賃金の原則が構想され、それが経営側への対抗となると考えられていたのであろうか。電産型賃金の変容に対する左派組合の対応が、この検証のなかで明らかにされることになるであろう。

また同一労働同一賃金の提起とは、その論理的延長線上にある異種労働異率賃金に対する考え、つまり異種労働における賃金格差の提起につながる。これについて全自はどのように考えていたのであろうか。戦後経済の復興が見えてくるなかで、左派系の労働組合はいかなる賃金格差が望ましいと考えていたのであろうか。敗戦直後の飢餓状況のなかでの生活保障給を主柱とする電産型賃金が登場してきたとするならば、戦後経済復興も見えてきたこの時期を格差付けが問題になってきた時期であると捉え、その格差付けの論理を明らかにし、それをどのように実現しようとしていたのかを検討する。

さらに、日産では本研究が対象とする時期、具体的には1953年に100日以上にわたる大きな争議が起こり、この中で組合が分裂するという経験をしている[6]。終戦直後に支配的であった対抗的な労使関係が、高度成長期以降の労使関係を特徴付ける協調的労使関係に転換するにあたって、自動車産業の労働組合としては例外的に組合分裂という形をとった。このため、転換の過程が組合内部で長期にわたって粛々と行われた場合[7]とは異なり、両者の主張はそれぞれの考え方に純化して表明され、その相違点も明確になることが期待できる。全自の提示した賃金原則に対して、第二組合はいかなる賃金論を対置したのかを究明することにより、現代へと通ずる戦後的秩序の形成を明らかにできるのではないかと考えるからである。

加えて、会社側がどのような対案を提示したかを検討することによって、会社側が従業員に訴えかけようとした公平観や、また再建しようとしていた秩序の形を示すことができよう。おそらくそこに、現代へと続く「能力主義管理」の黎明（原型）を見ることができるかもしれない。したがって、この研究にお

いては、生活給を原理とする賃金に代わるものとして如何なる賃金制度が労使双方で構想され、選択されていったのかを検討することにより、高度成長期へと連なっていく企業内秩序を支えてきた処遇制度の発想にも触れることになるであろう。

　最後に、転換期において選択されなかった（敗北した）路線を検討することは、現代日本が欠落させてきた平等観や公平観を発掘し、別の歴史的経路の可能性を示唆することにもなる。木下武男（1999）は全自の1952年の賃金原則を「同一価値労働同一賃金」（均等処遇）の観点から再評価し、また赤堀正成（2004）は全自の賃金要求案を経験年数という「客観的な指標による賃金の規制」として再評価している。人事処遇制度において戦後的秩序の再編が喧伝される現在、これまでの我々の発想から排除されてきた価値観や原理を掬い上げ、新しい時代の処遇制度の原理を考える一助として、1950年代初頭の全自の賃金政策に対する議論や関心が台頭してきているのである。

　しかし、これらの議論には限界がある。というのも、オリジナルな研究というよりもむしろ、上井喜彦の『労働組合の職場規制』（1994年　東京大学出版会）に全面的に依拠して議論が展開されているからである。全自日産分会や日産労組の職場規制の実態を一次資料やヒアリングに基づいて検討した同書[8]は、全自日産分会を取り上げた研究書の中でも珠玉のものである。しかし賃金論の観点からすると、1952年の全自の賃金原則の発表から1953年の争議に至る時系列的な展開を欠いているし、また後述するように、その取り扱いにおいては一面的な図式に陥っていると評価せざるをえない。そして最近の全自の賃金原則に言及する議論も、この上井のフレームワークに縛られているのである。

　翻って考えるに、上井の研究の特徴は、1953年の争議の主導因をもっぱら生産現場における労働組合の職場規制、職場闘争であると把握していることにある[9]。1952年夏から1953年への大争議に至る過程においての闘争の焦点が、賃金原則の実現ということであったにもかかわらず、むしろ職場における残業や労働強化への組合からの規制という流れから歴史を再構成しており、このなかで主題であったはずの賃金問題はむしろ周辺化された扱いとなっているのである。

現時点から考えると、この職場闘争への着目は研究の時代的認識枠組を示しているとと評することもできよう。というのも、上井の研究が進められた1980年代は、トヨタ・システムを代表格とする日本的生産システムが世界を席巻していた時代である。多くの研究者にとって、このトヨタ・システムのフレキシビリティの源泉と、その世界的な適用可能性如何が関心となっていた[10]。この中で、日本特有の協調的で安定的な労使関係と、それに基づいた職場の秩序こそがトヨタ・システムの前提条件であるという認識が出されるようになっていた[11]。

この認識に立ち、このトヨタ・システム的なものへの規制力を、1980年代半ばまで強権を奮っていた塩路一郎（当時の自動車労連会長）の主導する日産労組に見い出す研究が出てきた。トヨタ・システムが求める過度のフレキシビリティに対して、日産においては日産労組が「右派」潮流に属す組合でありながらも、強い職場規制を行ってきたのであり、1980年代半ばでの塩路体制の転覆とは、まさしく強い規制を続けてきた塩路体制が経営にとっての障害物であるとの認識がなされた帰結であったという解釈がなされたのである（戸塚・兵藤編、1991）。御用組合的体質および「全体主義的組合運営」（山本、1981、p.216）が批判されてきた「右派」組合が、職場規制という観点から再評価されたのである。

上井の研究はまさしくこうした研究潮流の中枢にあり、「会社の認知しがたかった」日産労組による「職場規制」（戸塚・兵藤編、1991、p.20：執筆者は上井）の存在を明らかにし、その職場規制の淵源を全自日産分会に見い出していた。イデオロギーは大きく様変わりし、規制のスタイルも「協調的職場規制」へと転換されたものの、しかしその職場規制という機能は引き継がれ、それがフレキシビリティを求める会社の方針と対立したと論じている（上井、1994、第II部第二章）。

この意味で、日産労組が引き継いだとされる全自の職場闘争や職場規制に焦点を当てた上井の全自研究は、その研究がなされた当時の時代状況を濃く反映しているといえるのであり、またこのために多くの影響力をもつことになった。しかし、その中で閑却されたのは、断絶という問題である。形をかえたとはい

え、職場規制という機能が存続したとして、その連続性が強調されることになると、こんどは何故日産分会が徹頭徹尾解体されなければならなかったのかが理解できなくなる。その職場規制のあり方が経営にとって問題となっていたことは確かであるが、果してそれだけだったのであろうか。

歴史的な事実としては、日産分会側が1953年の闘争で賃上問題においては一旦保留し、争議終結のための大幅な譲歩案を提示した時に、経営側は次のように述べ、その交渉の継続を峻拒したのである。

> 会社が一貫して賃金は当然経営の枠内で考えらるべきものとする立場と、組合の賃金イデオロギーとが、理念的にも、量的にも大きな開きがあるかぎり、また組合が賃金その他の経済闘争を政治的、階級闘争と結び付けて、いわゆる「常に闘う組合」の態度から出発するかぎり、日産自動車会社内における安定と平和は期待できないとおもう。[12]

まさに組合の賃金政策それ自体が会社の方針とは相容れないことを示しているのである。こうした経営側の姿勢を見るとき、賃金問題とは単なる争議のお題目やお供え物だっただけではなく、いやむしろ、全自の賃金思想が企業経営にとっての大きな障害になると把握されていたことがわかる。まさに経営側が分会を排撃したのは、その賃金思想を忌避したためでもある。

では、このように会社側に忌避された全自の賃金思想とはどのようなものであり、またどのように経営側と闘ったのか。こうした疑問を解きほぐすには、1953年の争議を惹起することとなった1952年の全自の賃金原則およびこれに基づく賃上闘争を丁寧に検討する必要性が出てこよう。したがって本書では、新資料や関係者の証言に基づき、全自の賃金原則、およびそれに基づいた日産分会の賃金闘争のもつ意味を、一連の継起的な展開として叙述するなかで確認する。そして、その性格を戦後日本における企業社会的秩序の形成史という歴史的文脈のなかに位置付けることにしよう。

3　全自の賃金原則と六本柱の賃金

　ここでは全自が1952年夏に提起した賃金原則[13]と、その実現へと向けた闘いにおいて用いられた「六本柱の賃金」と呼ばれる賃上要求案について確認しておく。全自の賃金原則とは、賃金のあるべき姿を「最低生活保障の原則」、「同一労働同一賃金の原則」、「統一の原則」という3つの原則として示したものであり、以下がその全文である。

　　全自の賃金原則（1952年8月）
　　第一原則　自動車産業に従事する労働者はたとえ技能が低くても、どんな企業でどんな仕事をしていても職場で働いている限り、人間らしい生活をして、家族を養い労働を続けうるだけの賃金を、実働七時間の中で確保する。（最低生活保障の原則）
　　第二原則　賃金は労働の質と量に応じて正しく支払われることを要求する。したがって
　　（イ）職場において、質の高い、量の優れた労働に従事している労働者は、この労働に応じた賃金を支払わねばならない。この際、年齢が低く家族が少ないからという理由で、賃金を低く抑えてはならない。
　　（ロ）男女の別、国籍、その他の理由で、賃金の差別をつけてはならない。例えば、男子100に対し女子80の労働である場合、女子なるが故に60とすることは不可である。
　　（ハ）労働の質・量は一般的に労働の強度（重労働、軽労働、環境）仕事の難度（高級、低級、複雑、難易）労働に対する技能、熟練度の高低で決められる。
　　この際労働者個人を、現に遂行されている労働から切離して判定するのではなく、労働が客観的に評価されねばならない。資本家は職制の支配系列や、企業への忠誠を基準にして、管理のために個人個人を主観的に判断して賃金を決めているが、これには強く反対する。高級労働者が、低質、低量の労働しか遂行し得ない職場におかれている時は、低賃金が強制されるが、この際は配置転換を問題にすべきである。
　　（同一労働、同一賃金の原則）

第三原則　以上の二原則は賃金一本の中に貫かるべきものである。また自動車産業共通の原則として、企業のワクをこえて貫かるべきものである。（統一の原則）

　この原則を具体化した賃金要求が六本柱の賃金といわれている。これは、1952年9月に全自執行部より提起されたものだが、しかし各分会において採用されていく中で少しずつ変化もしている。まずは六本柱の賃金とはどのようなものだったのかを確認しておくという意味で、全自が1952年9月に明らかにした「熟練格差の設定」および「普通労働の賃金格差規準」、全自日産分会の同年10月の要求と、同分会1953年5月の要求を一瞥しておきたい。このような手続きをとるのは、赤堀（2004, p.44）が「六本柱の賃金原則」として加藤尚文（1967, p.808）から再引用している表（以下、「原則の表」と略す：表1−3）が、1952年9月段階で発表された全自の六本柱の賃金要求案とは全く異なっているからである[14]。

　まず、表1−1、表1−2はセットである。この二つは全自が1952年の夏に発

表1−1　全自「熟練格差の設定」

熟練格差	説　明	経験年数
未熟練	入社直後の未経験技能の労働	0年
半熟練	補助的或は単純作業、上級者の指導で従事する程度のもの	2年
初級熟練	普通の独立した作業を標準的な熟練度で遂行する程度のもの	5年
中級熟練		8年
上級熟練	上級の作業を、相当高度の熟練度で遂行し、下級者の指導的能力を持つ程度のもの	12年
高級熟練		15年

出所：全自『全自動車』1952年9月10日号外（臨時大会議案特集）

表1−2　全自「普通労働の賃金格差規準」

熟練格差	経験年数	基礎賃金（税別）	指　数	確保すべき生計水準
未熟練	0年	13,000円	100	独身
半熟練	2年	16,000円	123	☆
初級熟練	5年	21,000円	162	☆
中級熟練	8年	26,000円	200	三人家族
上級熟練	12年	32,000円	243	☆
高級熟練	15年	38,000円	292	☆

出所：全自『全自動車』1952年9月10日号外（臨時大会議案特集）

表した賃金原則に基づいて今後の闘争方針を示した『全自動車』(臨時大会議案特集　1952年9月10日)に掲載されたものである。「生産部門の普通労働」の熟練の各段階の定義を定めるとともに、それに基づいた熟練度別の賃金額を提起している。ここで初めて熟練度を示す「物さし-尺度」として経験年数が用いられた。

「原則の表」(表1-3)との違いを確認しておこう。全自の原資料には年齢が記載されていない。経験年数のみがその尺度となっているのに対して、「原則の表」では年齢が記載されている。そして各熟練度を示す経験年数が、原則の表では初級熟練7年、中級熟練12年、上級熟練17年、高級熟練22年と実際の六本柱の賃金で示された経験年数よりも長く設定されている。また、全自の原資料では「確保すべき生計水準」となっているところが、「原則の表」では「家族数」に変化し、扶養家族数として「初級」「2」人、「中級」「3」人、「上級」

表1-3　赤堀 (2004) が提示した「六本柱の賃金原則」

	熟練度	経験年数	年　齢	家族数	基準額 (手取)
1	未熟練	0年	18	0	13,000円
2	半熟練	2年	20	0	16,000円
3	初級	7年	25	2	21,000円
4	中級	12年	30	3	26,000円
5	上級	17年	35	4	32,000円
6	高級	22年	40	5	38,000円

出所：赤堀 (2004, p.44)。なお赤堀は加藤 (1967, p.808) より再引用。

表1-4　全自日産分会「基本給引上の最低基準点」

熟練格差	説　明	経験年数	新基本給
未熟練	入社直後の未経験技能の労働	0年	10,000円
半熟練	補助的或いは単純作業、上級者の指導で従事する程度のもの	2年	12,000円
初級熟練	普通の独立した作業を標準的な熟練度で遂行する程度のもの	5年	16,000円
中級熟練		8年	20,000円
上級熟練	上級の作業を相当高度の熟練度で遂行し、下級者の指導的能力を持つ程度のもの	12年	25,000円
高級熟練		15年	30,000円

尚高級以上、経験15年以上の労働に対しては、経験20年迄は、同一カーブで考えられるべきであり、その最低基準賃金は、36,000円とする事を付加する。
出所：全自日産自動車分会「賃上並に之に関連する諸要求 (案)」1952年10月

「4」人、「高級」「5」人となっている。しかし原資料では「半熟練」「独身」と「中級熟練」「三人家族」（扶養者3人ではない）となっているのみである。総じて「原則の表」においては、年齢給的性格、家族賃金的性格が強調され、熟練度に応じた賃金という性格が減殺されているのである。

表1-4は、全自日産自動車分会が秋の賃上闘争において経営側に提出した要求書に収められていたものである。基本的に表1-1と表1-2とをまとめて1つの表にしたものと考えてよいが、額は全自本部が当初設定した額よりも抑えられたものとなっている。全自の提示した賃金表は総額賃金における「格差」であったが、日産分会では「基本給」部分の「最低基準」として考えられたこ

表1-5　全自日産分会「経験別最低賃金表」1953.5.23

熟練格差	格付け	熟練格差小分類	所要経験年数	最低保証賃金(ママ)
未熟練労働	入社直後の未経験労働	未熟練の1級	0年以上	10,000円
		未熟練の2級	1年以上	11,000円
半熟練労働	補助的、或いは単純作業、上級者の指導で従事する程度のもの	半熟練の1級	2年以上	12,000円
		半熟練の2級	3年以上	13,300円
		半熟練の3級	4年以上	14,700円
初級熟練労働	普通の独立した作業を標準的な熟練度で遂行する程度のもの	初級熟練の1級	5年以上	16,000円
		初級熟練の2級	6年以上	17,300円
		初級熟練の3級	7年以上	18,700円
中級熟練労働		中級熟練の1級	8年以上	20,000円
		中級熟練の2級	9年以上	21,300円
		中級熟練の3級	10年以上	22,500円
		中級熟練の4級	11年以上	23,800円
上級熟練労働	上級の作業を、相当程度の熟練度で遂行し、下級者の指導的能力を持つ程度のもの	上級熟練の1級	12年以上	25,000円
		上級熟練の2級	13年以上	26,600円
		上級熟練の3級	14年以上	28,300円
高級熟練労働		高級熟練の1級	15年以上	30,000円
		高級熟練の2級	16年以上	31,200円
		高級熟練の3級	17年以上	32,400円
		高級熟練の4級	18年以上	33,600円
		高級熟練の5級	19年以上	34,800円
最高級熟練労働	上級の作業を、高度の熟練度で遂行し、下級者一般の指導的能力を持つ程度のもの	最高級熟練	21年以上	36,000円

出所：全自日産分会『日産旗旬報』1953年5月23日号外

とによるのかもしれない。しかし、この点については確認のしようがない。もう一つの違いとしては、表1－4では「高級熟練」よりも上の格を準備し、7つの熟練度から構成されていることである。ただし、この熟練度は表の中には組み込まれてはいなかったし、また名称が与えられていなかった。

　表1－5は同じ日産分会が作成した1953年5月の賃上闘争にあたって経営側に提出したものである。本書ではこの「経験別最低賃金表」の形成については紙幅の関係上論じることはできないが、それでも1952年の表1－4とは大きく異なっていることを確認するために掲載しておく。違いは大きく3点指摘できるであろう。まず、額が記されている列の名称が「新基本給」から「最低保障賃金」へと変化している。1953年の賃上げについては分会は能力査定部分を要求しており、これに対応して「最低保障給」へと改訂されたと考えられる。

　第二に後者では明確に名称が与えられていなかった「高級熟練」よりも上の熟練労働が、前者では「最高級熟練労働」と名付けられ、表の中に明確に位置付けられている。そして最後に、熟練度別の賃金として経験年数に大括りにリンクされていた表1－4に対して、表1－5では各熟練の段階が細分化され、1年刻みの経験年数へのリンクとなっている。なお各熟練労働に付された額については基本的な線で1952年10月の要求との差はない。

4　先行研究における評価

　全自の賃金原則および六本柱の賃金をめぐる評価については大きく二つに分かれてきたが、一般的には、前者に評価の主柱を置く肯定的立場と、後者で示されている賃金像に評価の軸足を置く否定論とに分かれてきたと言いかえてもよいであろう。

　古くは1960年代に横断賃率論を提唱した西村・吉村（1960）や岸本編（1962）などにおいて、高い評価を下されてきた。

　　最低保障給と同一労働・同一賃金の原則と統一原則の3つの主柱の上に依拠するこ

の全国自動車労組の賃金原則は、戦後の賃金運動の経験を十分摂取した賃金原則における一つの到達点といいうる。全国自動車労組は、さらにこの賃金原則の上にたって、新しい賃金体系を要求した。…中略…

　この全自型賃金体系は、わが国の戦後の労働運動において一時期を画した電産型賃金体系の欠陥を克服し、一つの最低賃金の上に熟練格差をつみあげることによって、最低賃金と同一労働・同一賃金の原則を一つの賃金体系の中に統一せんとしたものであり、電産型賃金体系及び二本建賃金の出現以来、日本の労働者が久しぶりに見せた賃金体系上における創意・前進といいうるものである。(西村・吉村，1962，p.p.97〜98：執筆者は吉村)

　産別組合としての全自が自らの労働の格付けを行ない(ママ)、賃金の決定基準を労働の質量・熟練度におこうとしたことは、同一労働同一賃金の原則が、今漸く、労働組合自身によって理論的にも実践的にも正しく理解されはじめたことを示すもので、この意味で全自型賃金体系は、日本賃金史上ならびに賃金闘争史上まさに画期をなすものであったということができる。(岸本編著，1962，p.p.166〜167：執筆者は岸本)

　横断賃率論を主導する研究者には極めて高い評価を得ていた全自の賃金原則であるが、しかし、その後、日本経済の高いパフォーマンスが世界の注目を浴び、小池和男に代表される「年功型賃金」の合理性やメリットを説く賃金論が主流となるなかで、それに言及する意義が失われ、存在自体が忘れさられていたのである。確かに、その後の全自や日産争議の研究においても注目すべきものとして扱われてきたが、その意義が明確にされてきたとはいえなかった。この代表的な例ともいえるのが、熊谷徳一・嵯峨一郎 (1983) であり、「この賃金理論と思想は今日でも再検討する内容をもっている」(p.218：執筆者は熊谷) としていたが、それがどのような意味で「再検討」に値するのかについてまでは触れることがなかったのである。

　そうしたなか、近年賃金原則を現代的な視点から再評価したのが木下武男である。木下は、年齢、家族数、および経営側の査定によって賃金を決めるとした電産型賃金との対比において、全自の賃金原則は、男女差別賃金を克服する

という観点を有した現代の「同一価値労働同一賃金」に連なる「志の高い」ものであったとして積極的に評価し、混迷する現代日本の賃金指針ともなり得るとし、取り上げたのである（木下，1999，p.147）。

　他方、六本柱の賃金についてはどうであろうか。企業別賃金の枠を超えようという点や技能による格付けを示した点では新しさを認めるものの、経験年数だけにリンクしたためにその熟練度別賃金は「年功序列賃金」（大河内・松尾，1973，p.136）や「年齢給」（斎藤，1956，p.99）になっているとされてきた。当時、組合から要求をつきつけられた経営側もほぼ同じ理解にたち、日産では「組合のいう経験は年齢給であるから、…この要求の回答を拒否した」（日産，1965，p.270）としている。

　賃金原則を高く評価した論者においても、この点での評価は辛い。西村・吉村は経験年数が唯一の熟練度の基準となっている点を取り上げ、「年功型賃金」に陥る「欠陥」（西村・吉村，1960，p.101）があると指摘しているし、また岸本も「現実との妥協」（岸本編著，1962，p.166）として年功的な特性を帯びていた点を看取している[15]。

　少し特異な評価をしているのが千葉利雄である。千葉（1998，p.144）は、六本柱の賃金に関して、戦後フランスの統一戦線下でパロディ労働大臣が一般化した「熟練度等級別賃金制度」にヒントを得たものではないかと指摘したうえで、「当時の現実的な要求運動としては舞い上がり過ぎていた」としている。これは全自の賃金政策が有していた先進性を認めながらも、それが現実離れし、野心的すぎていたという点から批判的評価にたっているとも解釈できる。

　なお、全自の六本柱の賃金に高い評価を与えているのは赤堀正成（2004）である。赤堀は電産型賃金と比較し、「客観的な指標による賃金の規制」という側面からすれば両者は「同一の機能を果た」すのであり、「年齢」に基づく属人型賃金と「経験年数」に基づく仕事給に大きな差はないとしている。「右上りの賃金カーブ」となる賃金体系を擁護する立場から、六本柱の賃金が経験年数のみを指標としたことを高く評価したのである。

　多くの論者が六本柱の賃金を年功型プロファイルを描く点において否定的に捉えていたことに対して、まさに「経験年数」に基づいて客観化を図ったとい

う点から、逆に擁護しているのである。ただし、今度は木下とは逆に仕事と賃金との関係を唱えた賃金原則に対する評価を欠落させている。

　木下が同一価値労働同一賃金の立場から賃金原則を高く評価するのに対して、赤堀は「右上りの賃金カーブ」を描く「年功賃金」における客観的要素（経験年数）による規制という観点から「六本柱の賃金」そのものを高く評価しているのである。しかし、両者の1952年の全自の賃金政策をめぐる評価の分裂は、賃金原則と六本柱の賃金とが異なる賃金決定原理によって構成されているとみなしている点では一致しているともいえる。

　既に指摘したように、こうした近年の全自の賃金政策の評価枠組の基となっているのが上井喜彦（1994）である。上井は、賃金原則と六本柱の賃金の性格の違いを最も鮮明な対立の形にして提示していた。すなわち1953年の賃金要求を取り上げ、それが六本柱の賃金に依拠した「経験別最低賃金表」にしかなりえなかったことを「経験別職種別最低賃金表」の「流産」と評価し、この背後には「同一労働同一賃金」＝「異種労働異率賃金」を要求する「職員層」と、「民主主義原理に裏打ちされた平等原理」に基づく「生産現場の」「労働者たち」との対立が存在していたと論じたからである。

　明示的には述べられていないものの、この見解を展開したならば、職員層が仕事の質と量に応じて賃金が支払われなければならないとした賃金原則（特に第二原則）を支持したのに対して、生産現場の労働者の立場は職種間格差に踏み込んでいない六本柱の賃金によって表現されていたことになる。上井は、この二つの価値観の緊張関係が、後の組合分裂の遠因となっているともしている（上井，1994，p.98）。こうした対立の構図に、近年の評価者も閉じ込められてきたとみてよいが、この構図自体の当否については第3章で検討することにしたい。

5　1952年秋の賃上闘争を主たる対象とする理由

(1) 日産争議における賃上問題の取り扱い

　全自および日産分会は1953年の「日産争議」で有名である。同年5月23日に

日産分会は「経験別最低賃金表」（表1－5）を含んだ要求書を会社側に提出し、それ以後100日以上にわたる大争議へと突入していった（具体的展開については本書付録の年表を参照のこと）。しかし、本書では考察の直接の対象として1953年の争議を取り上げない。その大きな理由としては、この争議の中では具体的な賃金制度が議論の争点とならなかったことがあげられる。というのも同年の争議では組合の提示した賃上要求はほとんど実質的な議論に入ることがなかったからである。日産分会の要求に対して、6月4日に会社側は文書で全面拒否の回答を行い、「経験別最低賃金表」に基づく賃上要求に関しては次のように回答している。

> 組合要求の賃金の組立てを見ると色々説明があるけれども、帰する処は昨年秋のマーケット・バスケット方式による最低賃金制度そのままの様である。之はその際にも批判したが日本の現在の経済状態からして到底耐えられるものでない。又考え方だけとしても、組合の云う経験給とは年齢給そのものであるから、その一点を採り上げても過去何年かの積み重ねられた各人の賃金を一挙に打ち崩してしまうものであって、依然首肯出来ないものである。[16]

そして同日の文書回答後に開催された第1回団交では、会社側が逆に組合に対してノーワーク・ノーペイの原則（1951年7月の所謂「七夕提案」）の実施と、課長の非組合員化の要求というカウンター・アタックをくわえ、労使はこの2点で激しく衝突した。第1回団交以降も会社側による一方的な不就労時間の算出および賃金控除の実施をめぐる対立が持ち上がり、賃上問題は後景に退いていき、会社側が敷いた争議長期化のレールの上を組合は進まざるをえないという状況に陥ったのである。

7月16日の時点で会社側は「組合活動の覚書もさることながら賃金闘争の方針が問題だ」、「これによる闘争激化により日産の企業が内的、外的にこうむる実害は重大だ」（日産労連，1992c, p.234）とし、早期決着を画策した全自日産分会の大幅な妥協案を足蹴にし、1953年争議の根本的論点が賃金問題にあるとしている（これについては第4章で論じる）。これも分会の賃金方針を峻拒する

のみで、賃金について具体的交渉が行われたとはいいがたいのである。

結局のところ「要求に照らし職場に有在する具体的事実の処理」についての議論を分会が要求し、会社のほうもそれに応じ「かみ合う情況が一、二回あったが、その後は（会社側が：引用者補足）態度を急変し、その根本の物差しになる方針が問題だとはね返してきた」（全自日産分会，1953, p.53）のである。会社側は、「賃金闘争の方針」が問題だと批判し、議論を一方的に拒否する態度を固持した。

当初の組合の要求とは離れたところで争議は泥沼化し、分会の要求は棚上げされ、実質的な議論のなきまま日産分会の敗北で終結を迎えた。そのため、こと賃金原則及び六本柱の賃金に関する研究の対象としては1953年争議は、5月に日産分会が会社に提出した要求書およびその形成プロセス以外にあまり見るべきところがないのである。

ではなぜ本書では1952年の秋の賃上闘争を主たる対象とするのか。その積極的理由は、それが同年8月の全自の賃金原則の発表を受けて、初めて行われた賃上闘争であるからである。その闘争の経緯を見ていくことで全自の賃金原則は何を意図し、どのように具体化されようとしていたのかを確認することができる。

さらに1953年の全自日産分会の賃上要求も、1952年秋の賃上闘争の「自己批判」の上に成立していると考えるならば、1952年秋の闘いこそ翌年の要求の形成プロセスでもあるということにもなる。興味深いことに、1953年5月の要求書には、分会側が能力査定を要求するという前年秋の闘争とは逆の方針が出されているのであるが、その系統的理解も可能になろう[17]。1953年の要求は前年秋の闘争の経験が活かされていると考えるべきであろう。1952年秋の闘争の到達点を見るならば自ずと翌年5月の要求書への流れを理解できるようになろう。それゆえ賃金原則と七本柱の賃金（表1−4）をもって闘われた1952年秋の賃上闘争を論じることは、1953年の大争議を理解するための作業としても重要なのである。

(2) 1952年秋の賃上闘争の概略

　1952年秋の賃上闘争は、分会が会社に対して七本柱の賃金を中心とした10項目からなる要求書を提出した10月25日を起点にし、以後1ヶ月以上にわたって団体交渉や職場闘争などが繰り広げられた。日産分会自身の分析[18]によればこの闘争は3つの時期からなっていたことになる。第1期は10月25日の要求書提出から11月14日までの「宣伝闘争の時期」である。10月25日に要求を受け取った会社側は同月30日に全面拒否の回答を示す。全自の統一要求案に則って作成され、賃金の「戦前並水準」への回復を要求とした分会に対して、会社側は同業他社と比較すると日産の「賃金は既に高位に」[19]あることや、「既に賃金水準は戦前並に回帰している」[20]ことなどを主張して、労使の意見が真っ向からぶつかりあい、互いに譲らなかった。

　第2期は11月15日から30日までの時期で、組合がスト権を背景に会社側に譲歩を迫った時期にあたる。15日の常任委員会で今後の方針を決定した分会側は、17日にスト権の執行部委譲の方針を組合員に明らかにし、20日にその無記名投票を実施した。その結果、90.2％の賛成票でもって執行部へのスト権委譲が承認され、これを背景とした交渉が会社側と続けられる。27日には24時間ストが決行され、さらに30日からの無期限スト突入をちらつかせながら会社側から譲歩を引き出し「妥結への突破口を切開いた」[21]のである。

　最終局面は12月1日から8日までである。11月30日に予定していた無期限スト突入を組合が回避し、会社側もそれに応えるように新たな譲歩案を出してきた。これにより、闘争も最終局面を迎える。とは言え、12月4日から5日早朝にまでおよぶ長時間の団交が行われるも妥結に至らず、分会側が「譲歩案」を全面撤回し、一旦は決裂したかと思われた局面に立ち至る場面もあった。しかし水面下では交渉続行の努力が進められ、翌6日には団交が再開され、8日の会社側回答をもって妥結することが9日の分会の代議員会で承認された。妥結書では賃金に関するものだけに限っても、基本給の改訂、新基本給の7％の定期昇給、社内経験1年につき100円の加給、社外経験加給、家族手当本人分の400円引き上げ、特殊作業手当の新制度導入およびその実施までの期間の7割増額などからなっており、全自の機関紙『全自動車』151号では2700円の賃上げと

伝えられている。事務折衝を経て12月12日に会社と分会で「妥結書」の調印が行われ、1952年の秋の闘争は決着した。

　しかし秋季闘争は10月25日から12月12日までの期間に限られているわけではない。組合側が秋季闘争の本格的な賃上方針の策定に取り組み始めるのは8月7〜8日の全自定例中央執行委員会となるだろうし、またその時に提案された賃金政策の策定過程にまで遡ると同年の2月前後を起点とみなすこともできるのである。同年1月25日付け『全自動車』128号では「秋を目標に最低賃金制確立の闘いを組織すること」とし、「秋迄は中間要求の形で闘いを進める」とする方針が示されているし、また2月25日付け『全自動車』131号には「ベースアップ闘争の限界を認め先ず一年計画で最低賃金制確立の闘いをつみあげていく」とし、「一年計画で進める最低賃金制確立の闘い」の目標として後述する賃金原則のプロトタイプが記されている。1952年の初頭には秋の本格的闘争を見据えていたのである。

　さらに、12月12日の妥結書締結以後も、その実施をめぐる事務交渉が3ヶ月にわたって続けられ（全自日産分会，1953, p.57）、最終的に妥結書に基づく賃上げの中身が確定し、「給与辞令が交付し終った」のは翌年の5月ということになるのである[22]。本書ではこうした広いスパンの中で全自および日産分会が秋の賃上闘争に向けてどのような闘いを組織してきたのかということを確認する。

(3) 本書の構成

　以下、本書の構成を示しておこう。第2章においては、全自の賃金原則のもっていた意義を査定規制として取り上げる。電産型賃金体系においては能力給部分は査定により決められる賃金要素であった。この能力給部分を同一労働同一賃金でもって規制するというのが、賃金原則のプロトタイプであり、その問題構成が最終的な賃金原則のモチーフとなっている点を確認していく。さらに、その査定規制がいかなる形で実施されたのかを、日産における1952年の秋の賃上闘争を検討することで明らかにする。

　第3章では六本柱の賃金を取り上げ、その性格を明らかにする。これまでの研究では「全自型賃金体系」等と称されているが、その過渡的性格および制度

要求ではなかった点について明らかにし、その意義を再確認しよう。

第4章では経営側が全自の賃金原則および六本柱の賃金をどのように批判していたのかを考察する。1952年秋の段階では、保守的な対応にとどまり、それ故、組合側に大幅に譲歩することを迫られる結果に終ったが、翌年の争議においては全自の賃金政策の柱を「年齢的」だとする徹底した批判を展開するとともに、全自の賃金原則を容認すると会社の人事権を組合に蚕食されかねないという危惧を抱いていたことを確認する。

第5章では、全自の賃金原則を掲げた闘争の前哨戦として、1952年夏の日産分会のプレミアム闘争を取り上げる。これまでプレミアム闘争については、残業規制などの観点から論じられてきたが、それだけの意味にはとどまらない。現場労働者の賃金原則の受容において、プレミアム闘争は仕事に応じた賃金の要求であったことを明らかにする。

また、第6章、第7章では、日産争議後どのような変化が顕在化してきたかについての考察を行う。第6章では、1955年に日産労組が発表した「賃金四原則」と全自の賃金原則とを比較し、1953年の争議を前後して、どのような賃金論の転換があったのかを確認する。一つは中小企業を含めた産業内での同一労働同一賃金の模索の消滅であり、もう一つは査定規制という問題構成の解消である。第7章では、1954年の全自解散前後における日産の労使関係の動向を見ることで、争議後の企業内秩序がいかに形成されたのか、またその質がどのようなものであったのかを確認する。結語となる第8章では、本書を通して明らかになったことを総括すると同時に、その含意するところを展開し今後の研究の課題を提示しておきたい。

なお、本書で用いる資料は、主として浜賀コレクションに収められている全自関係の内部文書や公刊文書類である。浜賀コレクションとは元全自日産分会員であり、職場委員の経験もある浜賀知彦氏が、職場で回覧・配布されていた会社、全自、日産分会、および日産労組の文書等を中心に個人的に収集してきたものである。氏の自宅に所蔵されていたのを借用し、研究のために利用させてもらった。これまで未発見の新資料を多く含むものであり、執筆において利用した新資料については適宜利用した章で紹介していくことにする。

注
1) これまで多くの研究者（高橋，1989、元島，1991、基礎経済科学研究所編，1992、大沢，1993、鈴木，1994、木本，1995、熊沢，1997など）が企業社会もしくは企業中心社会という言葉でもって、高度成長期以降の日本の大企業における労働者の支配構造を特徴付けてきたが、それらを総括すると、とりあえず企業社会的秩序とは次のように概念化しておくことができよう。

　まず労使関係においては、大企業の正社員のみで組織される企業別組合と経営側とによる協調的もしくは癒着的な関係が支配している。また国や地方行政など外から企業を規制する力は弱く、経営者の専断的な経営を可能にしている。

　企業の内部においては、長期雇用（封鎖性）を前提とした能力主義的な人事労務管理施策によって、男性正規従業員の統合がなされている。男性正規従業員の側も、長期雇用の期待の下、能力主義を受容し、企業内において求められるスキルの向上に励む。更に、企業の要請に応じて従業員は私生活を伸縮させることを厭わず、企業における仕事を生活の中心においた「会社人間」的な態度を形成し、昇進・昇給をめぐる競争に身を投じている。

　会社人間的な生活態度をとっている人が社会生活を可能とするためには、仕事外の社会生活領域（家庭生活や地域生活）を専ら担うパートナーを伴う必要が出てくる。ここに勤め人たる夫と専業主婦である妻から構成される家族モデルが成立し、これは家族賃金によって後支えされることになる。このモデルの成立は既婚女性と家庭責任との観念を強く結びつけ、企業は働く既婚女性を"二流の労働力"として規定し、企業社会の外縁に配置し、景気変動の数量的バッファーとした。また未婚女性も結婚して家庭に入るまでの一時的な労働者として、長期雇用を前提とした能力主義管理の外側に位置付けられた労働者となる。

　1980年代に全面開花したと見ることのできるこの企業社会的秩序は、しかし1990年代に入りゆらぎの中におかれてきた。不安定化する長期雇用や、能力主義から成果主義への変容などである。これらの問題に関する私見については吉田（1999、2002）を参照してもらいたい。
2) 基準内賃金における能力給が占める比率は、1947年9月においてほぼ2割（20.5％）だったのが、順次高まっていき1952年9月には3割を超え（32.8％）、電産52年争議敗北後の翌年1953年には4割近く（38.9％）にまで高まっていた（河西，1999，p.335）。
3) 1990年代の日本のフェミニズムが到達した同一価値労働同一賃金の理論と実践については森ます美（2005）を参照のこと。
4) 電産型賃金の再評価の端緒をなしたのは河西宏祐の電産の研究である。河西（1992：初出1981）は聞き取り調査をもとに、電産型賃金における能力給部分が当事者たちにとっては重要であったことを発見する。

この能力給の有する意義の再発見に触発されたのが石田光男（1990）の議論である。石田は電産型賃金における能力給の存在を左証としながら、「（ア）勤続年数もしくは年齢の差異に基づく処遇の格差を是とする物の考え方と、（イ）一種の『能力差』による処遇の格差を是とする物の考え方」（1990，p.26）という2つの公平観が日本の労働者に存在していたとし、後年における労働者の能力主義の受容を後者的な公平観の存在によって説明した。

　　これに対して遠藤は電産型賃金の形成プロセスをたどるなかで、「能力給に影響する要因と人事査定基準について、労働者間の合意が形成できず、…中略…、これらの決定と実施を会社に委ねた」（遠藤，1999，p.274：初出1995）ことを明らかにし、労働者側に公平観が形成されていなかったとした。その上で電産は人事査定の必要性を認識したが、「どのような人事査定であるべきか」について合意できなかったが、その後の日本の労働組合もそうした合意を形成するに至っていないとしている。「あるべき」査定を提示するという意味での規制を行わず、「企業こそが人事査定制度を決定し、多くの労働組合は、会社の決定権を前提にした対応をとる」という現代の労使関係に結果しているのであるとしている（遠藤，1999，p.276）。

　　山田和代（1997）が電産型賃金を「家族賃金」であるとしたのも、それが形成されるプロセスの検証を通してである。これに対して、河西（1999，p.337）は当事者の証言をもとに電産型賃金が「家族賃金」ではなかったとしている。この点をめぐる決着はついたとは言い難い。そう判断せざるを得ないのは、電産型賃金において「家族給は女子労働者にはほとんど支給されていないと見ていい」という当時の労働基準局給与課長（宮島久義）による証言も存在しているからである（労働省婦人少年局，1950，p.56）。今後の研究を待たねばならないであろう。

5）ただし、全自が総評加盟を決定するのは1952年10月に行われた臨時大会においてであり、総評に加盟が承認されたのは翌11月である。
6）全自日産分会は、1946年に日産重工業従業員組合として結成され、翌年に日産重工業労働組合に改称した。そして会社名が日産自動車に変更されたのに伴う日産自動車労働組合への名称変更を経て、1950年に全自日産自動車分会と改称された。ところで1953年夏に全自日産分会から分裂してできた第二組合の名称もまた日産自動車労働組合である。本書ではこの2つの日産自動車労働組合と区別するために、全自日産分会に改称以前の日産自動車労働組合（および日産重工業労働組合）については日産労働組合と略し、分裂後の第二組合を日産労組と略すことにする。
7）鈴木富久（1983）は、この時期のトヨタを取り上げ労使関係の変容を明らかにしている。参照されたい。
8）同書では日産はA社と匿名化され、これに伴い全自日産分会、日産労組も、全自A分会、A労組と匿名化されている。

9) 栗田健（1994）は日産争議を、「経営者の企業内における管理権を前提」（p.108）とした日経連の1953年の「職場協約基準案の実践として加えられた経営側の攻勢」（p.111）だったとし、日産争議が日産分会の職場委員会による職場闘争を抑え込むという経営側の反撃であったとし、上井とほぼ同じ構図から日産争議を論じている。「経営権は実質的に経営者の掌握することになった」（p.118）としているが、しかしここでの栗田の分析は職場闘争の制圧という側面に専らかかわっており、経営権が含意する広がりにまで及んでいない。

10) Womack *et al.*（1990 = 1990）、加藤・スティーブン（1993）、野村（1993）、Elger and Smith（1994）など。

11) Dohse *et al.*（1985）がこの見解を代表する。また北米に移入されたトヨタ・システムに対する労働組合や労働者の根強い抵抗が、こうした見解を支えることになった。こうした抵抗の事例についてはParker and Slaughter（1988 = 1995）、Fucini and Fucini（1990 = 1991）などを参照のこと。

12) 日産自動車株式会社取締役社長浅原源七「従業員各位」1953年8月5日。

13) 全自の賃金原則は「賃金三原則」とも呼ばれることもあるが、両者は同じものであり、本書では賃金原則と呼ぶことにする。

14) 掲載されているのが権威ある学会誌だけに、今後この表が一人歩きしていく可能性も懸念される。したがって、あえてここで原資料に基づく表との対照を示し、注意を喚起しておく。

なお加藤（1967, p.808）に示されている表は、1952年9月4日、5日の全自の定例執行委員会で決められた「賃金闘争方針案」の中に収まっていることになっているが、その出典の詳細が示されていない。この本に掲載されている資料には必ず出典が明記されているなかでは異例である。もし同書が指示しているようにこの表が1952年9月4日、5日の全自執行委員会で決まった案だとするのであれば、それは誤った表であるということになる。ただし、全自日産分会（1953, p.56）には「高級熟練は五人家族を想定して最低三万円を設定」したとの記述もあり、高級熟練が5人家族を前提しているという点では「原則の表」と一致している。しかし、この記述は高級熟練を3万円とした設定からもわかるように日産分会内での設定であることに留意しておく必要があろう。したがって全自の未発見の内部文書には同表と同じものが存在していたことを否定するものではないが、しかし当時全自が発表していた六本柱の賃金とは大きく異なることは確かであり、当時の全自の六本柱の賃金として用いられるとすれば誤りであろう。出所不明の表として、その取り扱いには慎重である必要があろう。

15) 近年において同様の評価を行っているものとして山下東彦（2005）が挙げられよう。山下は「労働組合が同一労働同一賃金という制度をつくろうと思ってさえも、賃金カーブが立ってしまうという『日本の労働運動の歴史的難問』がここにも顔を出してい

る」としている（山下，2005, p.146）。
16) 日産労連（1992c, p.49）より再引用。
17) 上井喜彦は1953年の要求書では「能力査定の存在は認める体裁を取りつつ、会社の一方的査定を否定」（1994, p.72）としているが、ここで先回りして指摘しておくならば、単に容認したのではなく積極的に「能力査定」を要求することになったのである。
18) 日産分会『日産旗旬報』第178号　1952年12月21日。
19) 1952年11月付浅原源七社長名で日産従業員に郵送された文書「従業員並びに御家族の皆さんえ〔ママ〕」。
20) 後に日産の社長となる川又克二専務は11月4日の第2回の団交において1937年の日産の賃金データを示し、既に戦前水準に復帰していることを主張した（日産分会『日産旗旬報』第177号　1952年11月7日）。
21) 日産分会『日産旗旬報』第178号　1952年12月21日。
22) 浅原源七「従業員各位」1953年6月10日。これは浅原社長名で日産従業員に郵送された文書である。

第2章

全自の賃金原則と査定規制

　前章では全自の賃金原則と六本柱の賃金を提示し、その先行研究における位置付けを確認した。本章ではこの賃金原則に含意されていた査定規制の側面に焦点を当てて検討することとし、この原則を具体化した賃金要求としての六本柱の賃金については次章において考察することにしよう。具体的な検討事項は次の通りである。

　まず第一に、全自の賃金原則の形成過程を辿ることにより、1952年の全自の賃金政策が同一労働同一賃金を志向した意義を検討し、戦後日本において大きな影響力を持った電産型賃金との関係を確認しておきたい。

　1952年の全自の賃金政策は、電産型賃金を範とする二本建ての賃金を念頭に置き、その査定によって決まる要素である「能力給」部分の決定の論理を組合の側から再構成しようという試みから出発した。全自は電産型賃金を「進歩的な」賃金と評価しているとともに、当時の自動車産業の賃金が電産型の賃金であるとの認識にたったうえで、その運用において行き詰まりが見えてきたとしている。それは全自の各分会の賃金実態を調査すると「基本給」部分の内容が曖昧になりつつあるということであった。ベース・アップがなされても個別賃金の配分において会社側の恣意や差別が横行していたからである。そのため当初は、査定で決まる「能力給」部分の同一労働同一賃金への改変を意図していたのである。

　最終的な賃金原則においては、能力給のみに関わる同一労働同一賃金という考え方は大きく変更され、同一労働同一賃金を原理とした単一型の賃金が主張されることになった。このため電産型賃金との連続性は見えにくくなっている

が、しかし第二原則において、曖昧となった基本給に「会社側の判断」が幅を効かし、「職制の系列支配や、企業忠誠心を基準にして、管理のために個人個人を主観的に判断して個人を決めている」ことを問題とし、当初の意図は引き継がれているのである。つまり、会社側からする差別的で恣意的な賃金（「管理のための賃金」）との対決こそが全自の賃金原則のモチーフをなしていたのである[1]。

　第二に明らかにすることは、賃金原則実現の具体的実践の一つとして1952年の秋闘で日産分会は査定規制を試みたことである。全自および日産分会の査定に対する態度については、先行研究では付随的なものとしか扱われてこなかった。例えば、黒田兼一（1986, p.p.59〜61）は、日産が1950年3月に導入した「人事考課表制度」を「組合は特に問題とせず」、「ほとんど規制しなかった」としている。また熊谷・嵯峨（1983, p.216）は、確かに1952年の全自の統一要求の意義の一つに「一方的な査定賃金に歯止め」をかけようとした点を指摘しているが、それが具体的闘いの中でどのように査定に「歯止め」をかけようとしていたかにまでは触れられてはおらず、具体化された実践としての査定規制の有無が明らかになっていないのである。

　したがって、本章では日産分会の1952年の秋の賃上闘争を素材として、全自によって「管理のための賃金」と規定された当時の賃金体系の日産での実態と、その査定規制の具体的あり方を明らかにしよう。当時総評最左派と言われた全自の査定規制を明らかにすることによって、左派系組合の査定観を浮かび上がらせるとともに、内部でなされた議論・反省を検討することによって当時の組合員の価値意識の一端も明らかになろう。

　なお本章および次章では、『全自動車』や『日産旗旬報』といった全自の機関紙に加え、浜賀コレクションの新資料である「1952年綴り」を利用した。「1952年綴り」とは団交情報などを中心に分会の回覧文書を、浜賀氏の在籍していた日産横浜工場工具製作課の職場で綴ったもので、職場に流されていた情宣用のチラシ等から同年の秋季闘争時の様子を知ることができる。この綴りには1952年8月23日付けの「三社共闘情報」を最古層として翌年1月中旬までの組合文書がほぼ配布順に綴じられている。作成年月日が不記載の文書も多少存在して

いるが、これらについては、当該書類の前後を確認することによってその日付がある程度、推定できる。ただし、必ずしも書類作成日と綴られた順番が一致しているとは限らず、推定においては注意が必要である。

1 1952年初頭の賃金原則のプロトタイプ

　熊谷・嵯峨（1983, p.205）によれば「全自動車の統一要求は、1952年2月、総評の『賃金綱領』発表に触発され、これを参考として、当時の益田全自委員長および外部の『特別調査機構』とよばれる個人的ブレイン（小壮学者層が中心といわれ、全自内では予算措置がとられ公認）とによってつくられ、8月の定例中央執行委員会に提案された」とある。しかし、総評の「賃金綱領」の発表に前後して、すでに賃金原則の確立が進められていたと考えられる。それは総評の「賃金綱領」発表とほぼ同時期にあたる1952年2月25日付け『全自動車』131号上で発表された「運動方針案」に次のような原則が記されているからである。

　　賃金の中に次の原則を貫く闘いを行うこと
　　第一原則　労働者が赤字なく病気をせず働いて行けるギリギリの生活を維持しうる最低保障賃金を拘束八時間労働の中で確保すること。
　　第二原則　同一労働、同一賃金の原則およびこの原則の上に立った能力給の設定。

　この時点で同年夏の賃金原則における第一原則と第二原則とに対応する、「最低保障賃金」の確立と「同一労働、同一賃金の原則」という二つの原則が設定されており、賃金原則のプロトタイプとみることができる。またこの「運動方針案」の中ではこの二つの原則は「一年計画で進める最低賃金制確立の闘いの目標」として掲げられており、時間をかけてこの原則を確立し、具体化することが謳われているから、この原則が夏の賃金原則へと結実していったとみて間違いないであろう。

同文書においては、この二つの原則がどのような意図を持っているのかが解説されているので、それを確認しておこう。

(B) 最低保障賃金は独身、二人家族、三人家族、五人家族──それぞれの労働者が家族を養いつつ赤字なく家計を維持し病気をしないで職場に出て普通の仕事をなし得る状態を保障する賃金である。
今まで定時間で食える賃金（生活給）の要求として出したものを、も少しはっきり出そうとするものである。
・算出の方法としては全物量方式で出すことが理論的だろうしあるいは各都市における実際生計費を□えて出す方式もある。
（例えば鉄鋼□□の第一次算出では五人家族六万七千円等…以下略）
われわれは右の金額も討議資料にしながら、過去一年の賃金闘争の体験の中から最低保障賃金として独身、三人、五人というように家族構成別の最低保障賃金を大衆討議によって出したい。たとえば日産の場合とトヨタの場合、あるいは日産と中小分会の場合、討論の結果がちがうことはあり得る。が、これは連絡しつつ討論も可能であるし、また支部、本部が結論を出すこともできる。
(C) 能力給は最低保障賃金と同時に年令、経験、技術を基礎にして設定されるべきものである。
このさい同一労働、同一賃金にもとづき封建的要素、恩恵的なもの、養成工、臨時工、女子、青年だからといって、意識的に差別待遇をすることは排除されねばならない。
能力給にも自動車産業として最低線は設定しうる。この最低線以上にどういうように設定するかは職種別の要素も加味してもっと細く討議して基準を持たねばならない。

すでに最低保障賃金は「全物量方式」（マーケット・バスケット方式）で算出するとあるが、その時に想起されているのは総評の賃金綱領ではなく、鉄鋼労連の算出額を念頭に置いていると考えられる[2]のであり、熊谷・嵯峨が主張するように必ずしも総評の賃金綱領に刺激されて賃金原則の検討を始めたとは言い難いのである。

さて、同年夏の賃金原則とプロトタイプとの異同はどのような点にあるのか。両者には興味深い違いがいくつか見られるが、その中でも本章との関連で重要なのは、「同一労働、同一賃金」の原則が当初「能力給」部分に限定された問題として設定されていたことと、プロトタイプでは二つの原則しかなかったということの二点であろう。

　第一の違いは、プロトタイプにおいては「同一労働、同一賃金」があくまでも能力給の設定における原則に限定されていることである。「運動方針案」の表現ではこの点に少し曖昧さが残った表現であるとも言えるが、当時の全自委員長であった益田哲夫はほぼ同時期に「同一労働、同一賃金の原則に立った能力給の設定」[3]と明快に述べている。つまり「同一労働、同一賃金」の原則が当初は、能力給部分に限定されていたことが確認できる。

　この時点では「査定」という言葉も出てきていない。しかし、能力給が「封建的、恩恵的」要素を通じて経営側の恣意が入り込むとともに、国籍、性、年齢による制度的な差別が介在してくる部分として認識しており、それに対して同一労働同一賃金で対抗しようとしていたと解釈できる。経営側の恣意や差別に対抗するという点が「同一労働、同一賃金」に込められた意味であるということだ。

　第二に、1953年夏の賃金原則における「第三原則」は「統一の原則」とされているものであるが、それがプロトタイプにはないということである。この「第三原則」とは、第一原則の最低生活保障という考え方と第二原則の同一労働同一賃金という考え方を別々の賃金要素とするのではなく、「一本の賃金の中に一体となって貫かれるべきものである」としていたものである。つまり、賃金原則では最低生活保障と同一労働同一賃金のすりあわせということが大きな課題となっているのに対して、プロトタイプではその両者をすりあわせるという考え方はまだでてきていないということである。

　これは第一の違いとも関わってくる。実は、プロトタイプでは「最低保障賃金」と同一労働同一賃金とは別立てで考えられ、それは「最低保障賃金」と「能力給」から構成される併存型の賃金制度を念頭に置いている。二本建ての賃金を考えていたことは同「運動方針案」に「組織の機関で決定された最低保障

賃金X円と能力給Y円の基礎の上に各分会、各共闘の要求を築きあげる」と書かれていることからも明らかである。つまり、プロトタイプでは最低保障賃金がまず設定され、それに「能力給」が付加されるという二本建ての賃金の枠組が考えられていた。これに対して最終的な賃金原則は単一型の賃金を志向したのである。

　プロトタイプは生活保障給部分と技能給部分からなる電産型賃金を念頭に置いていたといえよう。むろん、電産の基準内賃金は年齢で決定される本人給部分、電力産業における経験年数によって決定される勤続給、そして技能等の査定によって決められる能力給部分から構成されていたので、二本建てというわけではない。しかし、全自はこれを単純化して「年齢別最低賃金」と「能力賃金」の形式で理解していたと考えられる[4]。電産型賃金における「勤続給」部分とは能力給を補完し、「勤続という客観的指標だけで能力を反映させる」(河西, 1999, p.202) 部分として設定されたという経緯からすれば、このように特徴付けても間違いとは言えないであろう。

　なおこの後、プロトタイプがどのような議論を経て夏の賃金原則へと結実していったのかに関しては謎である。熊谷らが指摘するように、当時の委員長である益田が主催する「外部の『特別調査機構』」で検討されたようである。筆者が聞き取りをした全自および日産分会の関係者も一様に組合関係者のあずかり知らぬところで検討されたとしている[5]。

2　1952年夏の方針

(1) ベース・アップ闘争への反省

　1952年夏に、賃金原則とともに打ち出された秋闘方針では全自のそれまでの「ベース・アップ闘争」の反省が強く主張され、それは「ベース賃金打破」というスローガンで言い表わされている。では「ベース賃金打破」というスローガンで何が含意されていたのか、このことを明らかにしておく必要があろう[6]。ここでは、全自の中央機関紙『全自動車』1952年9月10日号外「臨時大会議案特

集」に掲載された「賃金闘争の組織」に基づいて議論を確認しておこう[7]。この文書は全自の賃金原則が発表後、初めて打ち出された秋季賃金闘争の方針なので、賃金原則が作られた意義を確認する上でも重要な文書である。

　「ベース賃金打破」が持つ意味の一つは、平均賃金額（ベース額）を基準とした賃上げの押さえこみに反対するという意味である。インフレが進み、生活が苦しくなるにもかかわらず、企業側は「平均賃金で見た場合には高賃金であり賃上げは無理」とか、「賃上げには生産性の上昇が伴うべきであり今の会社にはその余力がない」などと主張し、賃上要求を押さえ込んできた。実際、1952年春の賃上闘争では、日産分会は40日に及ぶ闘争を行ったが、遂に賃上げを勝ち取ることはできなかった。

　こうした経営側の態度に対抗し、賃上げの必要性を労働者の間で確認する拠り所として、全自はマーケット・バスケット方式を採用した。会社側による「支払い能力論」および「高賃金論」に対置して、生活からした賃上げの必要性を明確にするために、マーケット・バスケット方式に依拠して算出することにより、賃上額に具体性を与えようとしたのである。

　しかし、「ベース賃金打破」にはもう一つの重要な意図がある。それは賃金総額をめぐる争いから組合は一歩踏み出し、経営側から個別賃金の決定権を蚕食し、民主化するということをも意味している。これまでの賃上げのやり方では、労使の交渉によって平均賃上額が決まっても、その各人への配分は経営側によって決められる。自動車産業でも、電産型と同じく「生活給」と「技能給」から構成されていたが、賃上額の個人への配分においては「会社側の判断が入り」、その比率が「あいまい」となってきたのである。この点が具体的にはどういう事態をもたらしていたのかについては、後で日産の事例を検討するが、電産型賃金との関係で言えば、自動車産業の賃金制度の現状を検討して次のように述べている。

　　賃金が通常「電産型」といわれるように、生活給と技能給に分れて比率も決っており、かつ労働者一人一人の賃金を決める規則も一おう整っているが、実際は実行されていない。また実行されていても形ばかりで結局賃金総額が支払能力で抑えられ

ているため、規則は空文に近く、会社側の判断が入り、組合の苦情申入れによって時々修正されるという状況である。

　全自は電産型賃金が生活給原理に基づく賃金であるということで批判しているわけではない。電産型の賃金決定の諸要素がないがしろにされ、「会社側の判断」が幅を効かせていることを問題としているのである。
　全自は電産型賃金の意義を、今日の労務管理の用語を用いて言うならば、賃金が総合決定給的なあり方から併存型へと転換したことにあるとしている。すなわち明確な基準が示されることなく経営者が総合的に諸事情を考慮して額を決定する総合決定給から、賃金決定の諸要素を明示し、しかもその比率が全体として決められている併存型へと転換したことを高く評価しているのである。
　しかし他方、現実には「能力給」のように会社側が恣意的に個別配分する部分が存在し、そこが拡大しているために、うまく機能しなくなっていることに電産型賃金の限界を見い出している[8]。「賃金は支払能力の枠内にとじこめられ、終戦後の輝かしい実績を残した生活給本位の闘いは後退して生活保証賃金は影をうすくし、利潤保証賃金に移行してきた」ことを問題としているのである。
　前節までに明らかにしたことをも含め、まとめておこう。全自は賃金の基本部分の決定要素を明確にした電産型賃金を継承しながら、恣意や差別による能力給部分が拡大し、生活保障給部分が抑制されてきたことを問題とし、2月段階では能力給部分に「同一労働、同一賃金」という規制をかける構想からスタートした。しかし、夏までにその思想を深化させ、賃金形態を併存型とするのではなく単一要素によって賃金の基本部分を決定する単一型の立場へと移行した。単一の原理として、「最低生活」できる額で下支えされた同一労働同一賃金という仕事給思想を据えることになったのである。しかし、そのモチーフがやはり経営側による個別賃金の恣意的、差別的配分の排除にあることは変わっていない。個別賃金の配分原理にまで踏み込み、恣意や差別を排除した賃金を志向していたのである。そして、その具体的実践の一つが、後で見る1952年秋の賃上闘争における日産分会の査定規制として現われてくるのである。

(2) 電力産業の「職階給」に対する批判

『全自動車』同号外では、電産型賃金が変質してきた実情を踏まえたうえで、その批判の矛先を、当の電力産業で導入されようとしていた「職階給制」に向けている。自動車産業の動向とは直接関係がないように思われるが、全自が職階給や査定に対してどのようなスタンスを採っていたのかを知ることができる興味深い文書なので以下で紹介しておきたい。

全自の賃金原則では「労働は質と量に応じて、正しく支払わねばならない」とする「同一労働同一賃金」の原則が第二原則で掲げられているが、同年の電産争議では会社側が同じく「労働の量および質に応じた賃金」を謳い、新しい「職階給制度」案を提案してきた。全自はこれを自分たちの賃金制度と「全く似て非なるもの」として分析し、批判している。いわば資本の側からする「労働の量および質に応じた賃金」に全自はどのような問題を見いだしていたのだろうか。その問題点として具体的には何が論じられていたのかを検討してみよう。

全自は、電力産業の会社提案による「職階給制」について、この職階給は「職務評価と人事考課」に基づいて「基本給」を決定する制度であると理解したうえで、賃金水準、職務評価、そして人事考課の3点から批判を行っている。以下この順で批判点を確認しておこう。まず賃金水準では次のように批判している。電力産業が打ち出した「職階給制」では、各人はその職務によって1級から12級までの各級に設定され、そこで人事考課において1から20号俸にまで位置付けられることになるが、企業の中での最低賃金となる1級1号俸は5000円しか設定されておらず、これは当時マーケット・バスケット方式によって最低13000円を主張していた全自からするとあまりにも低い額ということになろう。少なくとも総評の「賃金綱領」で提案された「8000円以上にすべきであろう」と全自は主張している。

次に、職務評価については職務評価で用いられる職務要素の配点の比重が問題であるとしている。具体的には「作業環境」と「災害危険」がそれぞれ比重1、「肉体負担」や「心的緊張」などがそれぞれ比重2などとなっているのに対して、「指導監督責任」や「業務責任」といった要素にはそれぞれ4の比重が与えられている。したがって職務要素の比重が「現場労働者の級を低くするよう

になって」おり、逆に「職制」などの管理層が高くなるような評価設定となっている。これには「現場労働者の級を低くする」意図があるとして批判しているのである[9]。

最後は人事考課に対する批判である。電力会社の案では人事考課は成績考課と能力考課で行うとなっていた。

> 個人別の査定はどうするかというと、人事考課（成績考課と能力考課で行う）でやるわけであるが、これは労働の質と量とは全く似て非なるもので、考課表も思想的特高的調査である。成績考課のやり方ではウエイトのとり方も職種により若干異るが、精神力とか勤務態度などの比重が多く、労働の量と質に関係する項は、わずかに40点中12点しかない。あとは全く職制の一方的な忠誠度による査定を可能ならしめている。仕事の実績も必しも正しく評価されるかどうかはわからない。
> 能力考課の方は、成績考課を補充するというわけであるが、内容はさらに思想調査的なもので、気質と執務態度その他を詳細に記入するようになっている。

全自はこの査定批判において「労働の量と質」と「精神力とか勤務態度」とを峻別している。その上で、現在であれば情意考課と言われたであろう後者の側面に着眼した考課要素の比重が高いことを批判している。いわば"遂行された労働"と"働きぶり"とを明確に分けて理解し、後者に重みをかけた査定が「忠誠度」による査定に陥り、「思想的特高的調査」になるとして排撃しているのである。考課要素は「労働の量と質」にかかわって構成されるべきとして、資本による人格従属的な考課要素に対置している。また「労働の量と質」にかかわる「仕事の実績」の考課も「正しく評価されるかどうかはわからない」として、容易に客観性を担保するものではない点も指摘している。こうした把握の背景には職場闘争の経験が存在しているのであろうが、能力主義下での査定に対する現代的批判[10]にも通じる観点がこの時代に既に出されていたのである。

電力会社の「職階給制度」の提案に対して、全自は、それが管理・監督労働者の労働を高く位置付け、現業労働者の賃金を不当に低く抑えこみ、後者の生活を困難とする点を一つの批判の軸とするとともに、客観性が保証されていな

い査定によって経営側の恣意や差別が入り込むこととなり、これを挺子に会社側の人格支配が進められることを危惧したのである。したがって賃金が正当な労働の対価としてではなく、経営側が管理を貫徹するための道具となっており、総合決定給と同じように経営者の胸先三寸で賃金が決まってしまうことに問題を見ていたということになろう。

さて、こうした電力会社の「職階給」の提案を全自は他人事として見ていたわけではない。むしろ現状の自動車各社の賃金が同じ「電産型賃金」であるという認識に立って、同じロジックで経営側からの攻撃が開始されるものとして認識していたのである。こうした資本からの攻勢にどう対応すべきか。それは資本に先んじて、自らの賃金原則でもって「電産型賃金」を改変し、それを資本に要求していくということになろう。このことこそが全自が1952年秋の賃上闘争に臨むにあたっての状況認識であり、それゆえ賃金原則という理念を掲げながら、基本給の明確化や査定規制を追求することが秋闘の課題の一つとなったのである。

ここまで述べてきたことを踏まえると、以下で確認しなければならないことは二つある。一つは「最低生活保障の原理」と同一労働同一賃金を一本化すべきであるという全自の構想していた賃金が具体的にはどのようなものであったのかということ、第二に上記の方針を踏まえて現実の秋の賃上闘争では何が問題となり、査定規制がどのように行われたのかということである。前者は六本柱の賃金の理解に関わる問題であるので、この点については次章で論ずることにする。以下では全自日産分会における具体的な取組みを明らかにしよう。

3　当時の日産の賃金

全自が各社の賃金制度を概観して問題としていたこと、すなわち基本給が曖昧になっていると指摘していた事態は、日産では具体的にはどのような形となって現われていたのか、またそれに対して職場の組合員はどのように感じていたのであろうか。本節ではこの点について確認しておこう。

(1) 賃金体系

まずこの時点での賃金体系を確認しておこう。日産分会組織部による文書「職場討議資料について」[11]（以下、「討議資料」と略）によれば、表2-1のようになっている。基準内賃金は基本給、臨時給、家族手当（本人分および扶養者分）、特別手当[12]の4つの要素からなりたっている。また基準外賃金は「プレミアム」と称されていた生産奨励金、特別勤務手当などの各種手当から構成されている。同文書では手当は基準内賃金・基準外賃金を併せて17に及んでいるとなっているので、基準外賃金における手当は14ということになる[13]。

「討議資料」ではこの時点での賃金体系の問題点の一つとして「基本給の内容が全くアイマイである」ということが取り上げられている。基本給の「内容」が「アイマイ」なことについては、少し歴史的な背景を補足しておく必要があろう。

日産では1947年6月の社工員の給与体系の一元化に際して基本給が大きく改訂された。当初、組合主導で改正案が作成され、これに基づいて会社と組合による合同の委員会で最終決定を行おうとしたが、課間対立、部間対立等を惹起したために、「暫定的措置として会社案による不均衡是正を実施」した。改訂原資1人当り50円を当てたその時の改訂において留意された点は各人の「作業成績」、「作業の重軽度、困難度」、「社工員間の均衡」、「卒業年度別、工員入社年度別」、「女子」の「社工員間の均衡」および「特に優秀な女子と男子との均衡」である[14]。後に全自はこの賃金改訂で「一応、電産型賃金を取り入れている」[15]という評価を下しているが、日産においては電産型のように明確

表2-1　1952年秋闘以前の日産の賃金体系（1951年12月～1952年6月平均）

	賃金要素	額	率（％）
基準内賃金	基本給	1044円	4.9
	臨時手当	11492円	54.3
	家族手当	3633円	17.2
	特別手当	328円	1.6
基準外賃金	生産奨励金	2887円	13.6
	特勤手当	1280円	6.1
	その他諸手当	493円	2.3

出所：日産分会組織部「職場討議資料について」

な賃金決定諸要素が明示されることなく、総合決定給的に基本給が設定されていたことになる。

この会社案による改訂はあくまでも暫定的なものと位置付けられ、その後も基本給改訂に向けて労使間で話し合いが続けられたが[16]、後述するように賃上げと賃金体系とは切り離されて交渉が続けられたこと、またその後のドッジ・ラインによる不況の深刻化の中で解雇・賃金カットの問題が浮上したこともあり、基本給改訂は頓挫したと考えられる。賃金体系の骨格をなすはずの基本給の部分で、労使および労々合意がなされず、会社側主導による総合決定給的な性格は維持されてきた。このことが基本給の内容が「アイマイ」であるとの批判の根幹にある。さらに1950年3月以降、各人の基本給の昇給に際して人事考課が用いられることになったが、基本給の曖昧な性格、すなわち上司の一方的な恣意に基づく結果となっているのではないかという疑念を払拭しえるものとはなっていなかったのである。

次に、基本給の比率が極めて低く、基本給比例部分である臨時手当部分が肥大化している点を考察しておこう。「討議資料」によると、臨時手当は1947年の社工員の身分撤廃時に導入された手当で、臨時手当＝基本給×倍率×出勤率という形で算出されるとなっている。しかし、臨時手当は1946年の組合結成直後に会社との交渉で認められたプール制に由来する賃金部分と考えられる。プール制とは、従業員の家族を含めた上で総人数を会社から支給された賃金で生活している者と考え、この総人数に生計費を乗じた額を、基本給比例部分と人頭比例部分とに分けて配分するという方式である[17]。

人頭比例部分が家族手当として支給され、基本給に一定の倍率を乗じた基本給比例部分が臨時手当として賃金体系の要素として組み込まれたものと推測される。推測にとどまらざるをえないのは、当時「賃金絶対額の問題と賃金制度の問題は一括して論じられるのが一般の風潮」である中、日産の労働組合は賃金交渉において結成当初から「スライディング、プールの出発点に於て、すでに両者を分離して、額は基準生計費の問題として理解し、制度は給与水準から切り離した体系の問題として論じ」[18]てきたという経緯があったからである。このため賃金の絶対額に関わるプールおよび物価スライディング部分と、賃金体

系の各要素との関係が、組合文書を見るかぎり不鮮明となっているのである[19]。

こうした事情に加えて、先に述べた1947年6月以降基本給の再度の改訂が進まなかったことにより、賃上げは臨時手当部分の倍率を高めることを中心になされてきたと考えられるのである。1951年の『日産旗』に掲載された車体課「よこぐるま生」なる筆名の分会員による「五年目のどぶさらい」と題したエッセイには、1946年の組合結成から「1年半ごろ」たった時点（1947年の夏頃）で臨時手当の倍率は2倍であったが、1951年時点では4.6倍になっているとしている。

なお1948年6月に、経営側は臨時手当を「能率刺激型」賃金に改変しようとしたが、組合の抵抗にあい頓挫している（黒田, 1984b, p.109）。この点について益田哲夫は「われわれがプール制、スライド制基準生計費これは否定しえない概念なんですね。それをもってぐんぐん押しつけて行って、これを会社の力じゃ止めえなかったね。これを止めたのは経済三原則、九原則ですね。こういう力でなければちょっと止めることができなかったね」と回顧している[20]。これを踏まえるならば、臨時手当の算出にあたって先に述べた「プール」という考え方は放棄されたが、しかし臨時手当は残り、賃上げに応じてこの部分の倍率を変化させてきたということになろう。臨時手当の倍率は当初、2倍であったが1951年年初の時点で4.6倍となり、そして1952年の段階では11倍にまで達していることになる。「討議資料」では「基本給と臨時手当を分ける理由がない」としており、基本給の決定基準の明確化を踏まえた上での臨時手当の基本給への繰入れが課題とされている。

(2) 賃金格差

図2-1を見てもらいたい。日産分会員の入社年度別の賃金の格差を示したグラフである[21]。各入社年ごとの最高額と最低額を縦線で示しており、年度間が横線で結ばれている額は平均額を示している。

まず第一に平均値に着目すると緩やかな年功カーブを描いている。1952年度入社の1万円を切るラインから出発して、入社年度が古くなるにつれて、平均月収額が徐々に上昇し、終戦時の1945年入社者あたりで1万5千円レベルに到

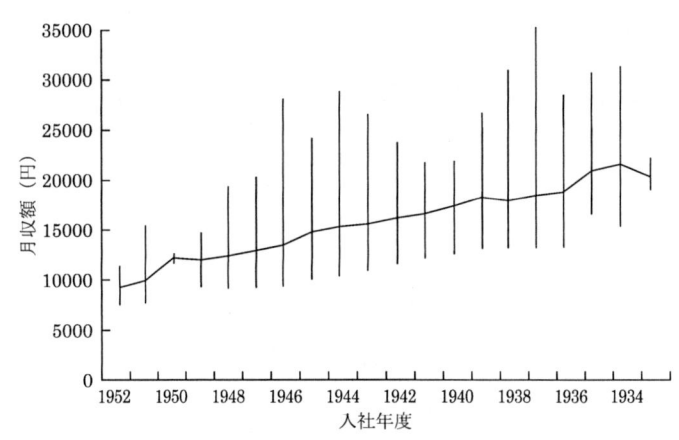

図2-1　勤続別基準月収表（1952年5月20日現在）
出所：日産分会組織部「職場討議資料について」

達し、1934年度入社者で2万円弱のレベルにまで達しており、平均月収額でいえば入社後20年でほぼ2倍のレベルに達していることになろう。

　そしてもう一つの特徴は、同じ入社年度においても非常に大きな格差があることである。例えば終戦直後の1946年度入社者を取り上げてみると、最低は9千円程度であるのに対して最高は2万5千円を超えており、まだ入社後6年ほどにしかならないにもかかわらず賃金の格差は3倍近くに達している。家族手当などの違いとは異なるところで、基本給および基本給比例部分に大きな差が生じているのである[22]。

　ただし、極端に大きな幅ができている理由としては、勤続年数のみを取ったグラフであるということが大きいであろう。中途入社者では年齢や経験の異なる者が含まれているであろうし、職種による違いということもあろう。さらに、当時は課長も組合員であったがゆえに、中間管理職層である課長や現場の監督者である係長もこのグラフには含まれていることも勘案しておく必要があろう。

　もう一つの類似するグラフ（図2-2）を示しておこう。これは同じデータを基本給部分だけ取り出し、年齢別に基本給の最低、最高、平均を示したグラフである。勤続年数別とほぼ同様の傾向が存在し、大きな格差がついているとみてよいであろう。

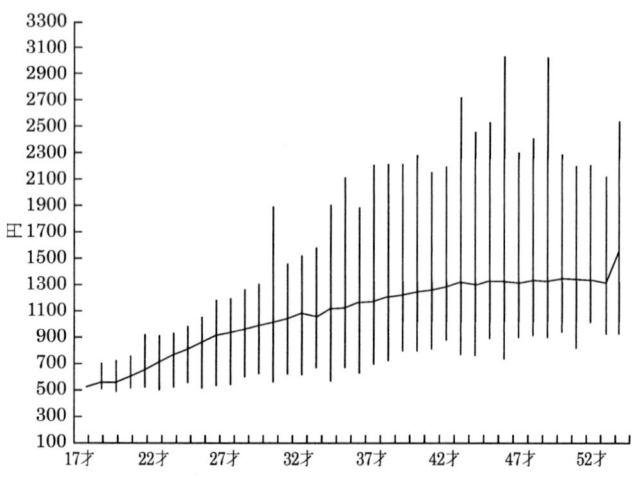

図2−2　年齢別基本給平均最高最低表（1952年5月20日現在）
出所：労働調査協議会・関西労働調査会議（1953, p.99）

　では職種や職位の違いをできるかぎりコントロールして、同一労働に携わっている場合を取り上げると、その賃金格差はどのようなものとなっていたのであろうか。これを示すデータとして横浜工場工具製作課鍛造型仕上班の事例を取り上げてみよう。ここで用いるのは浜賀コレクションに残されていた「低賃金、管理賃金に対する私の抗議書」（以下抗議書と略）という文書綴りである。これは1952年の秋闘時に分会が組合員に現在の低賃金の現状、賃金制度への不満等々を書かせたものである。
　この抗議書はまとめて会社側に提出され、今時の賃上げの必要性を訴える資料とされた。浜賀氏によると、1人につき2部同じ書類を作成し、1部は会社側に提出され、もう1部は分会の各職場委員が保存することとなっており、当時鍛造型仕上班の職場委員であった同氏の手元に残っていたものである[23]。浜賀コレクションには同班の仕上工17名が記入した抗議書が残されている。当時、仕上班とは3つの班からなっており、3つの班にはそれぞれ組長がいた。17名はこの3つの班の所属者全員分であり、組長もこの17名に含まれている[24]。
　抗議書の記載事項をリストにして示すと表2−2の通りである。
　17名の属性について確認しておこう。性別では全て男性であり、職種欄には

表2-2 「低賃金、管理賃金に対する私の抗議書」の記載項目

低賃金、管理賃金に対する私の抗議書【表面】 一、今の賃金では私の生活の保証は不足である（生活実態報告を具体的に） （一年に五百円位しか上らぬ、このまま何年も……、戦後八年衣料、住居、教育……） 二、低い賃金の中で賃金制度の矛盾について私の例 （前歴…、学歴…、入社時期…、身分転換により…、年令により…、女性なる故に…、養成工だった…、配転されたため…、職場により…）
賃金要求以外の諸要求に対する裏付（私の場合）【裏面】 一、停年嘱託、特殊作業手当、プレミアム問題、守衛勤務制、技術復興 二、販売店、下請圧迫 三、賃金制度についての意見（あったら一つでも出して下さい） 四、年末資金について最低いくら 参考事項 年齢、性別、職種、社外経験、社内経験、経験年数（合計）、扶養家族、25日払手取総額

　基本的には鍛造用金型の仕上工となっている。具体的な作業については後述する。年齢構成は、表2-3に示してあるように、19歳から38歳までであり、その構成の内訳は10代1名、20歳以上25歳未満4名、25歳以上30歳未満4名、30以上35歳未満2名、35歳以上6名となっている。

　経歴では、社外経験のない者が6名で、ある者が11名となっており、30代での社外経験者の比率は高い。ただし、社外経験年数は二極化しており、10年程度の長期の社外経験を有している者（J, N, O, Q）もいれば、社外は1～3年の短期にとどまり日産での勤続がほとんどだという者（K, L, M, P）に分かれている。扶養家族を抱えている者は12名であり、その中には郷里に家族を残している者（I）や仕送りをしている者（O）も含まれている。

　賃金分布を横軸に年齢、縦軸に賃金額を取って見てみると（図2-3）、幅のあるゆるやかな年功カーブを描いている。20代前半ではほぼ1万円ラインの前後に位置しているのに対して35歳以上では全員1万5千円以上となっている。幅に関して言えば、同じ年齢でも社外経験の長い者（G, J, Nなど）が下限を占め、社外経験の少ない者（H, K, L, Pなど）が上限のラインにいることが分かる。

　抗議書に書かれている中身を検討してみよう。まず現状が低賃金であることを論証するのに引合いに出されているのが衣料、住宅、教育などであることが目につく。「まだまだ衣料住宅までいかない生活の保証は不足である」(J)、「一

表2-3 横浜工場工具製作課鍛造型仕上班の人員構成

No.	年齢	社外経験年数	社内経験年数	扶養家族数	手取総額
A	19	0	3	0	9500
B	21	0	5	0	9500
C	21	0	6	0	9000
D	23	0	7	0	10000
E	24	4	4	4	12300
F	26	3	7	3	13350
G	27	5	7	2	11360
H	27	0	11	0	13000
I	29	6	7	4	16000
J	32	8	7	3	15000
K	33	0	18	1	19000
L	35	1	18	5	20900
M	36	2	12	3	17160
N	37	17	5	6	15220
O	37	9	7	6	18060
P	37	3	15	5	19780
Q	38	10	12	4	20266.6

出所：日産横浜工具製作課鍛造仕上班「低賃金、管理賃金に対する私の抗議書」（17通）より作成。No.は筆者が便宜的に付けたもの。

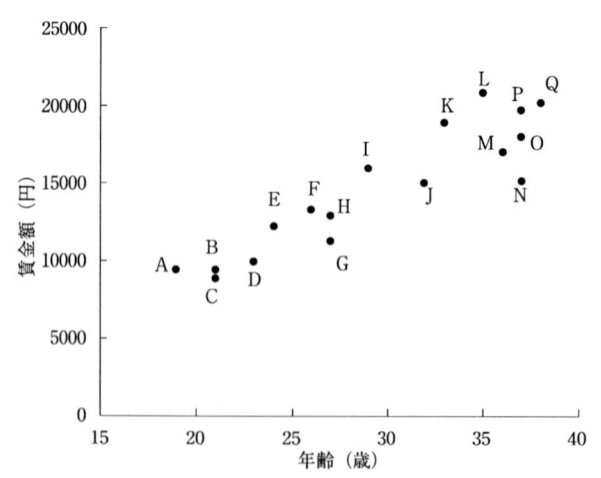

図2-3 横浜工場工具製作課鍛造仕上班の賃金分布（1952年10月）
出所：表2-3より作成

年に五百円位の昇給では何も出ない。衣料も買えない。教育も出ぬ」(O)、「家賃、子供三人の教育費（小学校、幼稚園）衣料費を補ふとなにかが無理になってくる」(L)、「現在会社からもらう給料だけでは、私の場合、食・住だけしかおぎなへない。衣料を着るためには、食う方をがまんしなければとうていまに合ふはずが無い」(C)。

　こうした声は抗議書表面の記述例のところに「戦後八年衣料、住居、教育……」と記されていることに誘導されて記入されていることも勘案せねばならないが、他方で当時の賃金レベルがなんとか終戦直後の飢餓賃金状態を脱し、食べ物から衣料や住宅等の身の回りのことへと関心が移りつつあったことを示している。生活にゆとりがあるわけではないが、しかしどうやらかつかつながら食べてはいけるという生活水準に到達していることを意味している。したがってこれからの賃上げは食うレベルを超えたところでの生活をどう豊かにしていくかという課題へと向けられている。

　この意味でマーケット・バスケット方式の導入は時宜を得たものであった。主としてカロリー計算に基づき生活費を割り出す理論生計費に代わって、マーケット・バスケット方式では組合員間であるべき生活像を構想し、それに応じた賃金を算定していくことになるからである。

　次に共通しているのは、「鍛造型仕上」職場の作業環境は劣悪であることを理由に「特殊作業手当」の増額もしくは作業環境の改善を要求しているということである。17名中14名がなんらかの形で「特殊作業手当」について触れている。鍛造型仕上職場はダイシンカーを用いて削られてきた鍛造用の金型の最終工程で、エアー・グラインダーや自作のタガネなどを用いて最終的な仕上加工が行われる。グラインダーを用いての作業では粉塵が出て問題となっていた。会社から支給された防塵眼鏡や防塵マスクを着用して作業するが、「一日中グラインダーのゴミの中で働いてマスクを使用して居ても口中はヂヤリヂヤリする」(M)、また「眼鏡、マスク等適当な品がなく視力低下」(F)を訴える者もいる。この職場で最も高い賃金（20900円）を得ているLでさえも「鍛造仕上場の硅□手当を認めよ。さもなくば設備の完備を至急実行されたし」と記入している。

3点目に指摘できることとしては、若い世代では基本給および基本給に一定の倍率を乗じて決まる臨時手当部分を問題に感じていることがあげられる。20代8人中6人までが基本給倍率に反対する旨を表明している。「基本給倍率などは早急に廃止すべきだと思う」(B)、「基本給に対する倍率制絶対反対」(E) という記述が見られ、「基本給に倍率を拾二倍もかけるなんてとんでもない。100円ちがへば千二百円もちがって来る賃金制度は、なにをいみしてるのか」(C) という怒りの声を挙げている。基本給に準拠した臨時手当部分が、昇給におけるわずかな差を拡大するものとして意識されているのである。

　また昇給額決定の不透明さに対する不満も20代が中心となる。「私は21年入社の者であるが同年令において基本給の差が大分開きがある。何処にけっ点があるのか全然わからぬ。又仕事もかげ、ひなたあるようなことはないし又現在の昇給の仕方には余りにも上下の差のあることに絶対反対である。又仕事する上にも余りに差が大きいので仕事のいよくがなくなる」(G)、「私の基本給は現在七百六〇円であるが、私は日産に七年もいる。…中略…昇給も常に最低である。どこにその基礎があるのか不明であり、私は仕事をしていない分けでない。ちゃんとやっているのである。これでは働くのもいやになる」(F)、「私の場合は年令に依ってだと思ふ。それは毎年一度の昇給の時どう云ふ訳か何時も最低である。又、学歴はと云ふ同じ年令でも高校卒業者と小学校を卒業して工場入りした者とは相当の開きがある。それは相当考へ直さねばならぬ」(B)。またCは、「昇給の場合、仕事量質において、おこなふべきである」と主張して、「こんど我々の要求の賃金制度は非常に良い」とし、全自の賃金原則および分会の七本柱の賃金に高い評価を与えているのである。

　他方、30代では入社年や復員時の不遇から基本給が低く抑えられていることを嘆く声が多い。「入社時期がわるいため基本給が安いから上げてもらいたい」(O)、「復員がおくれたばっかりに、兵役に関係ない人、又早く復員した者と比較して賃金に相当ひらきがある」(P)、「国のためと云ふ有難く無いお務により戦場に行き、終戦後昭和23年に復帰したが既に人事課火災のため書類消失した事を承知して日給の報告をせし者との差がついたといふ現実がある」(M)。特に「当社ニ廿三年入社。此ノ当時ハ初任給ノワルイ当時デ有ッタ為卅七才ノ今

ハ六名家族デ月15000円デス」というNは、海軍工廠での前歴を高く評価されていないためか、家族数は最も多いにもかかわらず、30代では最低の賃金額となっている。

いずれにせよ、基本給決定原理の曖昧さは各労働者にとって自己の低賃金をもたらす原因になっていると理解されている。それは昇給額を決定する人事考課の明確化と、そもそもの初任基本給の決定の原理、すなわち社内社外での経験をどのように位置付けるのかが大きな課題として労働者には意識されているのである。少なくとも鍛造型仕上班における抗議書を見るかぎり、全自および分会の問題設定は組合員の実感から隔ったものというわけではなく、むしろ現場の実感をうまく汲み取り、批判のための武器に仕上げたものであったと言うことができる。

4　人事考課の扱い

上述したように、10月25日に日産分会は会社側に要求書を提出する。「随分、盛り沢山だね」と経営側が感想を述べている[25]ようにB5版3段組3頁にわたる要求書となった。

この要求書の前文で、分会は本秋闘の大きな課題は基本給の是正にあることを主張した。会社側の高賃金論に対抗するために組合員の賃金の実態を調査した結果、様々な問題の中でも「基本給が一番多くの矛盾を含んでいる」。「初任給の査定、及びその後の昇給」について、様々な事情や理由付けによって格差が付けられ、「賃金に大幅な開きがある」こと、そしてこの格差が「会社の賃金に対する主観的な不公平な態度により益々拡大されていること」が問題であり、「労働者の生活を保障」し、「且つ労働の質、量に応じた正しい賃金」とする必要がある。このように分会は述べているのである。

そして基本給部分に関わる具体的要求としては、基本給の「大巾の引き上げと正しい格づけ」を要求するとして、基本給、臨時手当、本人分、特別手当を合算し、7つの熟練度に基づく最低基準額を要求するとともに、その際の熟練

度の基準となる経験の考え方を提示している。なお、要求書の要求自体には明示的に査定を指し示す項目は出されていない。基本給の是正による賃上げを分会は要求し、昇給による賃上げを念頭に置いていなかったため、査定自体が要求書の俎上に載せられなかったことも当然と言えるであろう。

　このような分会側の攻勢に対して、経営側は極めて消極的な対応をしていることが特徴的である（経営側からする全自および日産分会の賃金政策への批判については第4章も参照のこと）。確かに10月30日に示された会社側回答では、経営側の賃金に対する考え方を分会に対して示しているものの[26]、それは賃金水準をめぐる見解であり、マーケット・バスケット方式によって算出された額への批判ではありえても、基本給の決定原理の明確化への要求に対応するものではない。会社側の賃金体系に関する見解は、現在の給与制度は「組合の労働攻勢と経営側の之に対する已むない妥協に依って次第々々に積上げられて来た」ものであって、「給与の区別各人への配分等何れも納得」の上で働いているはずであるし、「歴史的に形成せられて来た実際の均衡全体が駄目なのだと云ふ結論」は間違っているということである。そこには賃金体系を見直すという視点はなく、労使双方の妥協の産物なのだからそっとしておくべきだとしているのである。そして第4回団交においては、会社側は「組合から生活が苦しい、春と同様賃上げを押えるのかといわれると苦しい。12月の定期昇給という考え方も出してみよう」として、従来通りの昇給で乗り切ろうとする。

　日産分会は賃上げを定期昇給に置き換えて決着することに反対した。11月10日に行われた第5回団交においては、昇給反対の立場から初めて査定の問題点が追及されることとなった。11月15日付け『全自動車』148号では、日産の団交報告として「職場と交渉委員から昇給の矛盾点、特に人事考課の欠陥をするどく追及」とある。昇給ではない賃上げをという立場から人事考課の問題を取り上げたことが記載されているものの、残念ながら同記事では議論の具体的中身まで明らかにしていない。他方、同団交の様子を日産（分会）教宣部発行の11月10日付け「情報第六号」では次のように伝えている。

　本日は前面の交渉の継続として先ず昇給の欠陥を追及した。その際現在職場に行な

われている人事考課が基本的人事に関するものであるから公開を要求し応じなければ制限的な運用を組合との間に協議すべきであると主張した。いずれにしても今次賃上要求を昇給ですりかえることに対しては額の問題を別にしても大問題があることを徹底的に追及した。会社は之に対し反撃し得なかったが、次で新しい給与制度を立案中であり案が出来たら組合に示すと発言した。組合に案が出来る前に大綱でも組合に示すことを要請しその際組合が注意することは、生活向上するためにどれだけの賃上げを折込むかという額の問題と会社がこの制度を実施しようとする意図が問題であると見解を述べた。

人事考課の「公開」か、さもなくば組合との「協議」による「制限的運用」にせよというのが、組合の主張である。分会側は賃上げを定期昇給にすりかえることを阻止するために、人事考課の考課要素と結果の不透明さを問題としたのである。これは「本人が見せろといっても見せない、思想調査も含まれる特高的調査をやめろ」[27]という言葉に象徴されている。なお、残念なことに、組合が主張した人事考課の「制限的な運用」の具体的中身が、どのような運用を念頭に置いていたかは不明である。

その後の団交では査定の問題が表立って取り上げられた形跡はない。しかし、会社提案の7％の定期昇給を受諾することを決めた12月1日の常任委員会で分会は、次のような態度を決定している[28]。

(1) 定期昇給については切離して考へ、会社呈案の基本給の七％を承認する。但し次の通り実施することを要求する。
 a．実施時期十二月より
 b．実施に当り人事考課を採ることには反対する
 c．実施要領については組合と協議する
 d．其の際、担当常任委員を含めた職場委員会を活用する
(2) 昇給以外の会社回答は賃上と見做し次の事項を申入れる
 a．会社呈案中勤続とあるを経験と修正する
この際、社外経験を全然とり入れない理由を明らかにする

b．特に低い不ぐうの者に対しては対策を考慮する
　　c．制度についての会社案をもう一度表面に出し、組合案との間で協議し妥協点を見出す努力をする
　　d．会社提案では基本給五〇〇円の場合、約九,〇〇〇円となるがなぜ一〇,〇〇〇円に出来ないかを追求する
　　e．以上の点を含んで基本給の改訂を行ふ

　この分会からの申し入れに対し、会社側は2日の団交で、昇給については「人事考課を使用しない」として、次のような昇給案を組合に提出している[29]。

　　1、昇給については人事考課を使用しないため一率七％とし、成績良好の者ならびに役付には七％の一割内外を上げることがある。
　　2、出勤率九十五％以下の者は七％の一割内外を下げることがある。

　また基本給の是正に関わる賃上げに関しては、以下のように回答している。

　　(1) 勤続給を経験給におきかえてもよいが戦前入社の人たちの履歴書を焼いてしまったので技術的に困難だ。(2) 本人分の四百円を増額する件については他に考え方が組合にあれば意見を承りたい。(3) 特に低賃金の者については修正をしてもよいが、尺度が問題になるので手をつけようとしてもむずかしい (4) 賃金制度については、会社組合で共同研究してもよい。(5) 基本給五百円（日産最低）の者まで今まで会社回答で計算すると九千円になるが、なぜ一万円に出来ないのかとの質問が組合からあったが「プレミアム」を含めたら一万円以上になるのではないか。

　こうした経営側からの回答に対して、分会がどのように応戦したかは定かではないが、妥結協定書を見る限りさらなる譲歩を会社側から勝ち取っていることが分かる。妥結協定書[30]によると、まず基本給と臨時手当とが合算され新基本給となった。これは先に確認したように、基本給部分が臨時手当とバランスを欠いた構成比となっており、そもそもの基本給の意味を喪失させていたのを

整理しなおしたという意味を持っていた。

　また新たに経験加給が実施され、これが改訂新基本給に付加されることになった。社内経験を1年につき100円、社外経験については同種経験80円、類似経験50円、異種経験20円とし、旧制高専以上の学歴については社内経験と同じ額を付加する。起算年齢は16歳で、20年をもって打ち切るというものであった。これが意味していることは、熟練度の代理指標としての経験を基本給決定の原理の一つに組み込むことができたということである。「アイマイ」であった基本給の明確化を図る第一歩であり、現行の賃金に熟練度の「クサビ」を打ち込むことを狙っていたことを考えると、社外経験も考慮させ、その地歩を築いたと評価してよい。

　人事考課に関わる昇給部分では次のような結果となっている。

　（ロ）定期昇給
　(1) 出勤率（休暇は出勤と見做す）九五％以上の一般従業員に対して、昭和二十七年十一月二十一日付を以って新基本給の七％の定期昇給を行う。
　但し
　（一）出勤率九五％未満の者は七％の一割以内を減じる。
　（二）特に成績優秀な者は七％の一割以内を加算する。
　(2) 出勤率及び成績の査定期間は昭和二十六年九月二十一日より、昭和二十七年九月二十日迄とする。

　協定書では特に人事考課の有無について触れらていない。しかし、既に交渉経過のところで示したように、定期昇給には人事考課を用いないことで合意していたし、また『全自動車』第151号（1952年12月15日）でも「昇給は人事考課を使用しないため一律基本給七％（平均八百四十円）」と伝えられており、分会が会社側の一方的な人事考課を跳ね返したことが確認できる。人事考課を拒否し、一律7％の昇給となったことが第一の成果である。第二に、昇給率の増減のうち減少させる要因として出てきているのは出勤率だけである。出勤率95％は多少高めに設定されているとも考えられるが、しかし減額基準が客観的

な要素である出勤率にのみ限られていたことも、人事考課の恣意性を批判した闘争の成果として評価してよいであろう。

最後に問題となるのが、格差付けが「特に成績優秀な者」への「加給」として行われていることである。12月2日の会社提案では「成績良好の者ならびに役付」に対する加給となっていたのが、「特に成績優秀な者」に変更されるとともに、無条件に「役付」に対して加給することは撤回されている。役付優遇による職場の切り崩しを防ごうとしたと考えられ、これも一つの成果と見てよいであろう。

そして「特に成績優秀な者」への加給については同年12月29日付けの浅川源七社長名で組合に申し入れられた「定期昇給実施に関する件」（人調発第495号）で、以下のような手続きで「実施し度い」とされている。

　　五、加給は部別に（部制を採られていない工場に就いては工場を、部制のない独立部署に就ては夫々の部署を単位とする）勤務成績の特に優秀な者について行う。
　　六、加給の額は定期昇給額の一〇％とする。
　　七、加給の査定は当該部課長、工場長が行うものとする。
　　以上全般的な調整は人事部長が行う。

ここに示された経営側の手続き案が最終的な実施方法となったかどうかは資料の関係上不明だが、しかしその後も分会側は執拗に加給のあり方について追求し、できるだけ経営側の恣意が入りこまないようチェックしている。例えば、会社側が加給に「一方的に段階をつけ」て実施しようとしていることを分会は察知し、1953年の1月14日の事務交渉においてこの点を追及している。そして会社側から5％と10％の二段階で加給させてほしいという提案には一律10％とし、加給人員に定員を設けることに反対という態度を示しているのである[31]。

しかしここまでしてもなお、「勤務成績の特に優秀な者」の選抜が会社の手に委ねられ、しかもいかなる基準に則して選抜されるのかが曖昧であったという問題は残る。それは分会による査定規制の限界を示しているものである。確かに考課者に課長が入っていたということは、当時はまだ課長も組合員であった

ということから、会社の「勤務成績の特に優秀な者」の選抜にも分会側は一定の規制力を行使していたと言えるかもしれない。しかし、既に当時から課長や係長などの役付と分会員の軋轢は問題となっており、すんなりとそれが査定に対して一定の規制力を行使していたことの証となるとは言い難い。

　会社側の恣意性を許さずに、個々人の賃金決定の原理を明確にした基本給を求めるという全自の当初の課題は、1952年秋季の闘争で人事考課は行わせないという形でそれなりの成果はあげたものの、しかし一挙に達成されたわけではない。また組合員の中にも「発揮能力」を評価すべきだという声も存在していたようである[32]。これらの点は当事者である分会にも意識されており、この反省は翌年の要求に活かされ、新たな課題として設定されることになる。

　1953年5月23日に会社に提出された要求書の賃上要求には、「能力プール設定要求」という項が設けられ、「能力査定についても要綱を協議し、処理方式を協定することを要求」している。これは従来の賃金が「仕事に対する各人の能力評価が色々の形で、あいまい不合理に織り込まれている」ことを問題としたうえで、分会側からした査定項目の提示[33]や協議機関の設置などにまとめられている[34]。1952年秋闘の結果から1953年要求書へと結実していくプロセスについては本章の課題を超えるのでここまでにしておこう。

5　小括

　賃金額と賃金体系とを別個のものとして交渉してきた日産分会が、全自の賃金原則を受けて自社の賃金体系を点検してみたところ、あまりにも不明瞭な基本給決定および、その不明瞭さの中に「管理」的要素が入り込んできていることが明らかになった。そのため、1952年秋の賃上闘争では熟練度に基づく基本給への是正を柱とした取組みがなされた。そして、この基本給の決定原理の明確化を主張する線から査定規制の緒をつけることになったのである。

　それは従来の賃上闘争のようにベース・アップ額をめぐる闘いにとどまるのではなく、個別の配分原理にまで踏み込んだ規制をするということである。全

自の初代委員長であり、1952年当時は家庭の事情のため休職して田舎に帰っていたという中村秀弥氏は、組合復帰後「組合の要求書を見て大変なことになると考えた。…なぜ、大変なことになるかというと、賃上げを会社側がのんだとしても配分は会社側にある。労務管理上、賃金の配分権まで組合に譲ってしまったんでは労務管理が完全にできないんではないか」[35]と感じたと、当時をふりかえっている。1952年の争議では査定にまで踏み込み、基本給是正の第一歩を首尾よく踏み出すことができたのである。翌年の闘争はこの「実績の上に立つ」「未完成闘争の継続」[36]と位置付けられたのである。

　戦後、電産型賃金を発展的に継承していく中で査定規制へと舵を切った組合があった。その歩みはまだ微々たるものでなかったかもしれないが、アンドルー・ゴードン風に言うならば（Gordon, 1993 = 2001）、もしこの流れが頓挫させられることなく継続していたならば、その後の職場・賃金・査定は別のありようへと転轍されていたかもしれない。だが、不幸にもこの後の闘争において、分会は分裂・敗北し、また全自も崩壊してしまう。1952年の闘争成果は根絶やしにされ、またその当初の問題設定も忘却されていったのである。

注
1)　山本潔（1978）はこのコンテクストで当時の全自の賃金政策を理解している。すなわち全自A分会（日産分会）の1953年の賃金要求を「電産型賃金体系」と捉えているが、その含意は「基本給決定における水準の上昇、不均衡是正、恣意性の排除」という観点から「電産型」であるということである。

　　しかし問題がないわけではない。確かに1953年の要求では熟練度別最低賃金と能力プールの設定という二段構成をとっており、結果として電産型に相似するものとなっている。しかし、最低生活保障給と技能給という異なる賃金原理の組み合わせからなる電産型賃金と、仕事給原理の一本化へと踏み出し、それを最低部分と査定部分とに分けた1953年の全自の賃金要求とを同一とみなすのには無理がある。そしてこのような把握は、後述するところの1952年初頭の賃金原則のプロトタイプと1952年夏の賃金原則の違いを認識していないことの帰結でもあろう。

2)　千葉利雄によれば1952年の1月5日に発行された鉄鋼労連『調査月報』第2巻第1号に賃金綱領の「素案となるものを」提起していたとのことである。よって先の引用部分で「鉄鋼云々」とある部分はこの『調査月報』の記事である可能性が高い。

3) 益田哲夫「組合運動は日々に新しく」全自日産分会『日産旗　創立6周年記念号』1952年 p.20。
4) 電産型賃金について同じような理解に立つものとして永野順造 (1949) がある。
5) なお高島喜久男は、全自がマーケット・バスケット方式を理論生計費の線で理解していることなどを根拠に、当時の全自の賃金政策が「中西功の系統によって牛耳られていた」「労働調査協議会」（以下労調協と略）の影響にあることを指摘している（高島, 1993, p.368)。

　実際、労調協が関西労働調査会議と共編で1953年に出版した『賃金理論と賃金闘争』においては、全自の賃金原則および六本柱の賃金が紹介され、高く評価されている。そして、この本の執筆者が主張する「われわれの賃金体系の原則」(p.p.206〜208) は、ほぼ全自の賃金原則と同趣旨のものである。したがって、労調協と全自との密接な関係、政策や思想の類同性は否定はできない。

　他方、労調協と全自との関係は公然のもので、全自調査部の『月刊調査情報』No.3 (1951年)「"全自動車"と関係ある団体について」にも登場している。もし労調協ルートで賃金原則の策定作業を行ったとするならば、益田しか預かり知らぬ「特別調査機構」とはならなかったものと思われる。当時の朝日新聞の連載「組織と人」で益田が紹介されたときには、彼の主催する「調査機構」に集まる人々の多彩な顔ぶれ（「学者、官吏、経営者」）に触れられている（「組織と人 (7) 全自動車限界を越さぬ "教授" 委員長益田哲夫氏」『朝日新聞』年月不明[浜賀コレクションに所蔵]。なお村上[1998, p.76]によれば同記事が掲載されたのは1952年7月とのことである）。賃金原則の形成において、労調協が関与したことはおそらく事実であろうが、しかしそれにとどまらない人脈をも想定しておかなければならない。
6) 後に全自日産分会 (1953) などでは「ベース賃金打破の三原則」を掲げ闘ったとされているが、本章で対象とした時期には明確に原則化されているわけではない。原則の原型と考えられる文言が出てくるのは1952年11月11日付け『全自動車』号外においてである。
7) なおこの「賃金闘争の組織」は同年9月15日『全自動車』号外にも再録されている。
8) ほぼ同時代に同じ問題意識を有していた研究者としては氏原正治郎がいる。氏原正治郎「日本の賃金協定」（『季刊労働法』第4巻第3号、1954年、後に氏原 (1968) に再収録）は「曖昧な基本給規定」を問題とし、それが上司の「主観的判断」による昇給額決定によって「差別賃金」となっているとしている。
9) こうした経営側の職務評価に対して、全自はどのような職務評価を考えていたのだろうか。詳細は第3章に譲るが、職務評価のウエイト付けに自ら手をつけるということに全自は非常に慎重な態度をとったことを意味している。全自は職種間の格差付けを性急に行わず、これについては「各組合の特殊作業手当、生産手当等の闘いを当分続

けることによって、規準(ママ)を発見して行く」という態度をとった。この種のウエイト付けは各職務間、各職種間、ホワイトカラーとブルーカラーの対立を惹起することになりかねないからである。事実、1953年争議において第二組合に分裂した側は全自や日産分会の賃金はホワイトカラー軽視の賃金であると批判した（日産労組，1954，p.21）。これは無論"ためにする議論"かもしれないが、しかし全自がその問題に苦労してきたことを突いた批判であったということになろう。組合員間の統一を損わぬように慎重に事を進めようとする態度は、"急進性"でもって知られてきた全自のもう一つの顔であったと言えるかもしれない。なお職種間の格差付けや職務給に対する全自の態度については第3章で検討している。

10) 代表的なものとして遠藤公嗣（1999）、熊沢誠（1997）、鈴木良治（1994）などが挙げられよう。

11) 作成日不明。ただし1952年9月1日付け『日産旗旬報』173号に9月4～5日に開催された全自本部の「定例中執では『秋の賃金闘争』を更に前進させるためのモデル労働、モデル労働者を決め、第一原則、第二原則を調整して基礎賃金を出し要求を組織するための討議基準を決定した。分会でもこの基準を鏡とし直ちに要求組織のための討議に入ることになる」という一文があるので、そのために日産分会が9月5日以降に作成した文書と考えられる。

12) 特別手当は「1949年3月31日現在で決定された地方税会社負担分」（山本，1978，p.181）である。

13) 山本（1978，p.177）はA社（日産）の1953年3月時点での賃金体系を提示している。賃金体系の構成要素からすると、1952年の秋の賃上闘争前後での違いでは「臨時手当」の有無ということに限られるので、山本の論文によって、基準外賃金の諸手当について補足しておくと次のようになる。表2-1で特勤手当（特別勤務手当）とされている手当は、時間外手当、休日出勤手当、深夜業手当、緊急作業手当、臨時休日出勤手当、特別休日出勤手当の6つの手当を総称したものである。また、これ以外の基準外手当には宿直業務手当、特殊作業手当、硅塵手当、職務手当、安全主任手当、医師手当がある。さらに基準内賃金と基準外賃金の外に休暇手当、税金手当が置かれている。山本の注釈によれば「『税金手当』とは、会社負担の税金に相当する額を、手当として表示したもの」となっており、これを除けば基準内賃金以外の手当の数は14となり、分会の説明と一致することになる。

14) 藍田庄三郎「給与制度並に賃金闘争」日産重工業労働組合『日産旗』第3巻2号、1948年，p.18。

15) 全自『全自動車』臨時大会議案特集1952年9月10日号。

16) 1948年時点まで基本給改訂について労使の委員会で話し合いが続けられてきたことは、飯島光孝「基本給改訂について」（日産重工業労働組合『日産旗』第3巻3号1948年）

17) 鈴木旭「プール制について」日産重工業労働組合『日産旗』第4巻1号1949年。
18) 田中秋範・畑田道夫「賃金制度と賃金闘争」日産重工業労働組合『日産旗』第3巻2号1948年 p.16。
19) この両者の関係の不鮮明さを指摘したものとしては益田哲夫の次の発言が重要である。「プール制というものがあったということ、それからスライド制堅持を頑張ったということ、この二つを通じてベース引上げの問題を非常に克明にやってきたということ、そしてベース引上げの闘いというのが給与制度自体の格好を、相当生活給的に形作ってきた、生活給としての姿を、全体の給与制度としては、横にひろがったような格好にしてきた、その問題についての、そういうことが賃金闘争の姿だと思うんですよ。そして給与制度という格好で別個に取上げようとしたんだけれどもなかなかうまくいかないで今日まできている」(「座談会・五年間を回顧して」全自日産分会『日産旗』1951年 p.44)。
20) 「座談会・五年間を回顧して」全自日産分会『日産旗』1951年 p.45。
21) なお、このグラフは先の「討議資料」に添付されていた手書のグラフから、医者による最高額を除いた部分をトレースしたものである。このため個々の具体的な数値が判明しているわけではないことに留意されたい。なお同文書ではグラフで示されている額は基本給×倍率＋1600＋特別手当で算出したと付記されている。
22) なおこの図2-1及び図2-2は、石田光男(1990)に対する最近の野村正實(2003)による批判の一つの裏づけともなろう。野村が批判するように、敗戦後の労働組合が最も強い状況においても格差のない年功型賃金は存在していないことが看取できるからである。ただし、戦後の労働組合は雇用を問題にしたが、査定は問題にしなかったという野村の見解(2003, p.278)とは異なり、全自および日産分会の事例は、終戦直後からの賃金のあり方の反省に立った上で、査定規制に踏み出そうとする潮流が出てきたことを示しているのである。
23) なお、1952年10月4日付け『日産旗旬報』にはこの抗議書と思われる文書を作成する旨が伝えられている。しかし、同記事の記述では「職場の賃金の問題点を個人個人を対象として調査し書きあげて、それを三通作」り、「一通を職場委員長、一通を組合へ、一通を会社へ出」すとなっていて、浜賀氏の記憶とは若干異なっている。
24) 浜賀智彦氏からの聞き取りによる。ただし、抗議書には組長などの職制名の記入欄はなく、どれが組長の抗議書であるかは定かではない。
25) 日産分会教宣部「情報第一号」1952年10月25日。
26) この時示された経営側の賃金に対する考え方については第4章で紹介する。
27) 「発火点に近づく団交」全自『全自動車』148号1952年11月15日。この記事は日産での交渉と明記されているわけではないが、この発言の引用は「新給与制度」との関連

で使われており、日産での団交で出た発言と推量される。
28) 日産（分会）教宣部「情報第13号」1952年12月1日。
29) 全自『全自動車』150号1952年12月5日。
30) 全自日産分会教宣部「賃上並びに之に関連する諸要求に関する妥結協定書」1952年12月12日。
31) 日産分会組織部「事務交渉の経過報告」1953年1月19日。
32) 前述の「討議資料」では、「各個人個人の発揮能力には当然差があり経験年数のみで技能格差をつけることに不備があるとの疑問があるが、第一歩の闘争として業種別格差を次回に譲った状況からして、この問題だけ厳密にしようとすると反って意志統一を欠く因となる」として、「発揮能力」の問題をこの秋闘では取り上げない旨が記されている。
33) 分会が少なくとも査定項目に入れるべきであると要求したのは次の5項目である。「12月から実施した能力加給の幅を広げたこの種の事項」、「管理労働」、「特殊技能」、「長期勤続による特殊技能」、「経験20年を超える者の特殊技能」。
34) なお1952年秋闘と1953年5月の要求書との連続性は、分会が求めた査定項目の中に「12月から実施した能力加給」という言葉があることからも明らかである。分会側は「勤務成績の特に優秀な者」に対する加給を「能力加給」として捉えていたのである。
35) 2003年4月26日「シンポジューム全自・日産53年争議」（開催場所：横浜市立大学）での発言。なお同趣旨の発言を、中村氏は別の機会にもしている。「それにしても六本柱の賃金要求はキツイ要求だった。あれをやられると、経営側の分配に対する範囲が非常にせばめられる。日産がねらわれて大争議になったのは、ひとつは職場委員会による職場の民主化闘争、もうひとつは、この六本柱の賃金要求だったと思います」（中村他、1979、p.p.55〜56）。
36) 全自日産分会「賃金闘争方針（案）」1953年5月6日。

第3章
1952年秋の賃上闘争と六本柱の賃金

　六本柱の賃金は、全自が1952年夏の賃金原則を具体化するものとして同年の秋の賃上闘争において提起し、翌年春の賃上闘争において再び提起され、日産分会と日産との大争議を惹起することになった。既に第1章で確認したように、この賃金の性格をめぐっては年功的色彩が強く残った賃金であることが言われてきた。この点で、同一労働同一賃金を掲げた賃金原則と六本柱の賃金が対立的要素を包含しているように見えることは否めない。この両者の統一的理解を妨げる点が多々見られるからである。例えば、同じ仕事を経験年数の異なる労働者が遂行した場合の問題に答えられないし、また、異なる職種間でも経験年数が同じであれば賃金も同じなのか、異種労働異率賃金はどう考えられていたのかなどの疑問がもちあがる。もし、六本柱の賃金が賃金原則の実現を目指した賃金であるとするならば、果して六本柱の賃金はどのような「同一労働同一賃金」の理解のもとに組み立てられていたのであろうか。
　こうした疑問は、その成立の経緯や全自内部での議論から切り離されて六本柱の賃金が論じられてきたことも災いし、解消されないできた。最近の論考を含め、これまでの研究で取り上げられているところの全自の六本柱の賃金の評価は、その成立経緯や闘争の中で果した役割を無視して外形だけから判断されてきた。とりわけ六本柱の賃金が額をめぐる賃金要求案であったこととはかけ離れて、実体化された制度・体系であるかのように扱われている。全自に関してはその資料が限られているために様々な制約があろうが、しかし歴史的なコンテクストから離されその虚像だけが一人歩きするのは問題である。この点を鑑み、本章では六本柱の賃金の形成プロセスを取り上げることでその実像を照

射してみよう。

　また何故不完全と思えるような形で全自が六本柱の賃金を経営側に要求したかについても確認しておきたい。これを示すことによって、賃金の仕事給化への転換をはかるにあたって直面していた困難を理解することが可能になるからである。

1　「業種別」賃金の断念

　ここで明らかにすることは、六本柱の賃金というのが賃上額をめぐる要求案であって、完成された賃金体系ではないということであり、またその要求案としても過渡的性格の非常に濃いものであったということである。先に触れたように六本柱の賃金は「全自型賃金体系」、「全自賃金体系」（労働省，1955a，p.143）とも呼ばれてきたが、六本柱の賃金をもって全自の賃金原則を完全に具体化した案であるとみることはできないし、また、実際に運用されていた電産型賃金と対比可能な賃金制度であったわけでもない。したがって、以下ではこの点について1952年夏の賃金原則発表以後の全自および全自日産分会による秋の賃上闘争における議論を提示することによって論証していこう。

　まず確認しておくべきことは「業種別」賃金要求の断念である。全自は賃金原則の第二原則に基づいて「業種別」に熟練度を設定した賃金要求案を作ることを狙っていたが、しかし短期間でそのモデルを確立することはできず、1952年秋の全自の統一要求案作成途上では断念したという経緯がある。

　では「業種別」とは何を意味するのかを確認しておく必要があろう。当時全自の執行委員長であった益田哲夫は『日産旗旬報』第174号（1952年9月21日）の「賃金問答：中央執行委員長にきく」と題したインタビュー記事で「業種別格差とは何か」と問われ、「第二原則の内容をなすもの」、「賃金が鍛造、イモノ、機械という業種によって、格差をつけられる点をさしている」と答えている。現在では、業種というのは「事業や営業の種類」（広辞苑）を意味するから、ここで言う「鍛造、イモノ、機械という業種」とは、現在我々が言うとこ

ろの「職種」と理解したほうが誤解がないかもしれない。しかし、当時全自は「職種」という概念で「管理、純技術、純生産、雑役」という職掌を意味させていた[1]ので、それよりも一つ下の仕事の区別を指す概念として「業種」を用いたことになる。以下ではこの理解に則り、業種別の熟練度別賃金が断念された経緯を確認していく。

　『日産旗旬報』第171号（1952年8月11日）によれば、同年8月7日と8日に開催された全自本部における中央執行委員会において、「賃金三原則と組織方針の枠」が提示された。しかしこの時点では賃金原則を柱にして理想的な賃金制度の確立を目指すというよりも、各社の賃金制度が抱えている矛盾や問題を中心において「統一要求」が作られるべきだという雰囲気が強かったとしている。すなわち同紙では「注目される点は各分会の職場討議の中から要求を具体化する方針を出しており、特に賃金闘争については賃金三原則と組織方針の枠を出しているが、あくまで職場討議から生まれた要求を統一して要求態度を決めようという方針である」として、執行委員会の今後の方針を伝えている。賃金の理念的なあり方から攻勢をかけるというよりも、現場の抱えている問題を当面は重視し、後者に比重を置いた闘い方を進めようとしていたことがわかる[2]。

　しかし、分会としても現状における矛盾や問題を討議しただけではない。同紙では「賃金闘争について終戦後の歴史と、現在の賃金体形を労働組合の立場から分析」することになったとも伝えられており、自社の賃金制度の抱える問題を抜本的に捉え返し、賃金原則に接合しようという方向性も看取できるのである。このことを裏づけるように、翌月の『日産旗旬報』173号（1952年9月1日）には「秋の賃金闘争に備え『三つの原則』を中心に各分会一斉に職場討議を行ってきた」という文言が見られ、賃金原則の扱いが職場で議論されていることが伝えられている。徐々に賃金原則を基底に据えた闘争方針に転換されていったことが示されている。

(1)「闘争の組織方針」

　「浜賀コレクション」の1952年綴りには、先の『日産旗旬報』第171号の引用で触れられている「組織方針」と考えられる内部文書が残っている。「闘争の

組織方針」と題する文書であり、発行者の署名及び発行日は記載されていないが、賃金原則とセット（同一の筆跡で書かれている）で綴られているために、この文書が8月の中央執行委員会で提示された「組織方針」であると考えてよいであろう。

　この「闘争の組織方針」は賃金原則に基づいた賃金決定を具体化するために行われるべき手続きが述べられている点で重要である。その柱は第一原則と第二原則に基づいた賃金をそれぞれ算出し、その後で討論によって調整し「一率の額」を見い出すということである。すなわち、まず第一原則における「最低保証原則」(ママ)を基に、「18才の独身者の最低保証生活費」と「全自動車の標準家族（□(一文字空白)人）の最低生活保証費」(ママ)を「大衆討議」で算出させることを求めている。これはマーケット・バスケット方式を用いて、最低生活保障費を算定するということを意味し、実際にその後調査が実施され、その結果が『全自動車』号外（1952年11月11日）に掲載されている。

　次に、「同一労働同一賃金」の第二原則の立場に立って「熟練給」を算出するとしている。「熟練給」は「初任給規定昇給規定その他の賃金規則の検討により労働の質と量の評価…（点数制）」と「職種を管理、純技術、純生産、雑役に分け更に各部門を数種類に分類して業種別格差…（点数制）」とを設定し、この2つの「組合せ（点数の合計でもよい）、技能ランク（格差）」を決定し、1点当りの金額を定めて各賃金額を算出するよう求めている。第二原則に基づく算出にあたっては「生活給的考慮を除外した仮定で考えること、従って年令家族の要素を除外する」よう注意が促されている。

　問題は「最低生活保証費」(ママ)と「熟練給」との関係である。この文書では、両原則の調整によって設定することとし、その注意点として「賃金一率」の原則を堅持することとしている。すなわち、「第一原則＋第二原則の方式」や第一原則と第二原則とを比率的に按分するような「形式的調整」は行わず、「討論により双方の主張の歩み寄りによって一率の額を見い出す以外に途はない。基本として技能格差により賃金を決定しなければならないが、これを第一原則の立場から緩和して上下の巾を人数と業種に応じ□(一文字空白)倍位に止め、その段階を□(一文字空白)段階位に止める様にする」としているのである。

この「闘争の組織方針」のもつ意義を確認しておこう。既に第2章で論じたように、全自は当初（1952年2月頃）、生活保障給と能力給から構成される「電産型」賃金の能力給部分の「同一労働同一賃金」化を構想していた。しかし、賃金原則を確立する過程で両者の原則を「一体」とするべきとの考え方に転換し、この点は賃金原則の中において第三原則として定式化されるに至った。したがって、賃金要求の組み立て方においても1952年初頭の「組織の機関で決定された最低保障賃金Ｘ円と能力給Ｙ円の基礎の上に各分会、各共闘の要求を築きあげる」[3]としていた方針が転換され、「技能格差」を基本とした決定が要請されていることを看取できよう。併存型から単一型へと賃金の考え方が変わったこと、および格差は技能に基づくものとすることを、この文書は裏づけているのである。

しかし、それを首尾よく確立することは困難であった。その理由は各仕事間の格差付けを行うとする第二原則の実現に難しさがあったからである。職務分析や評価は第三者に委ねるというのならまだしも、労働組合自らの手で組合員が行っている仕事の間に格差を設けるというのは非常に調整困難な課題となったのである。

日産分会組織部が同年8月23日付けで発行した「三社共闘情報」第13号によると、日産分会の報告として「原則には異論がないが第二原則の具体化がないと難しい。従って全体としては組織が進んでいない」という一文が見られる。またいすゞ分会も「同一労働同一賃金の原則中量と質の評価の問題」ということを挙げている。「賃金は、労働の質と量に応じて、正しく支払わねばならない」とした「同一労働同一賃金」を論じた第二原則をめぐって、その共通了解、すなわち異種労働に対する賃金格差を現場でどのように形成することができるのかという難しさに直面したことが明らかになっているのである。

(2) 1952年9月10日「賃金闘争の組織」

六本柱の賃金が初めて姿を現わした1952年9月10日付け『全自動車』（臨時大会議案特集）の「賃金闘争の組織」では、先の「闘争の組織方針」とは異なる形で賃金要求額の決定手順が示されるとともに、「同一労働同一賃金」の原則

に則った賃金格差の基準が熟練度一本になっている。本部としての考え方とモデルを示し、これに則った賃金要求を設定することを各分会に提起し、自動車産業としての統一要求にまとめようとしたものである。

　ここで具体的に示された手順は、第一作業として「第二原則に基いて、数段階の熟練格差を設定し」、第二作業として「この熟練格差に第一原則からする最低生活保証の裏付を行い、一本としての賃金格差の基準を大衆討議する」ということである。「闘争の組織方針」との違いはどこにあるのか。それは賃金の格差の基準となる要素を熟練格差のみとし、それをもっぱら経験年数にリンクさせたことである。

　熟練度を格差づける尺度は、経験年数に具体化されるとともに、他の仕事の「量と質」を決定する要素は排除されている[4]。では、熟練格差に経験年数を「適正な物さし－尺度」として利用した理由はどのように説明されていたのであろうか。第一にそれは、熟練格差の定義と現実の労働とを関連づけるためである。「各等級の労働を説明しただけでは明確でないから、各等級の労働遂行に必要な経験を年数で表示し、物さしの代りにした」とあり、熟練度の代理変数として経験年数を用いているということである。

　ただし個々人の「経験年数の設定は慎重を要す」としている。「学歴は経験年数に換算して考える」、「社外経験は同一視する」など、経験年数が一社での勤続年数でないことが謳われている[5]。また「経験や学歴があれば、当然現在の仕事に表示されているという意味で要素となる」のであり、「それのみで要素とはならない」としている。これは現在の仕事に必要とされる経験や学歴は経験年数にカウントするが、現在の仕事にかかわらない場合にはカウントされないということである。当然であるが、ここでの経験年数は即座に年齢に直結するものとはなっていない。

　もう一つの理由は、「労働者が理解し易くかつ討論し易い内容と種類の格差」であることに眼目があったからである。当時の資本家的な仕事給化、すなわち「職務給」化を批判する論拠として、管理職務が高くなるような「資本家的な管理のための等級差」がなされており、「職務給は大低の場合職階給」となっているという認識がある。したがって、「判断力」「智能」「明朗」「熱意」「統率力」

「理解力」「責任感」等の「精神力とか勤務態度などを要素」とした「主観的な格差」付けを「排撃する」としている。

では職種や「業種」間格差はどのように扱うように指示していたのであろうか。「業種別」の格差については、次のように述べている。

> 業種別の格差は今次の闘争ではとりあげないことにした。
> この意味で、第二原則適用はまだ不完全であるが、業種別格差では資本攻勢が大巾に労働者を屈服せしめることが困難な面もあり、各組合の特殊作業手当、生産闘争等の闘いを当分続けることによって、規準を発見して行く方針である[6]。

ここから、全自本部としては「業種別」に賃金に格差をつけて額を設定することは、1952年秋の賃上闘争では断念したが、しかしそれは「特殊作業手当、生産闘争等」で追及し、その闘いの中から「業種別格差」の「規準」を発見していこうとする態度を採っていたことが明らかになろう。「業種」による仕事間の違いは個々の仕事の特殊性として把握し、当座は特殊作業手当という形で上積みさせるという態度である。

(3) 1952年9月21日「賃金問答：中央執行委員長にきく」

本節の最初に触れた「賃金問答：中央執行委員長にきく」(『日産旗旬報』第174号1952年9月21日)においても、「第二原則が最初の組織方針からすると後退している様だが」という質問が出されており、これに対して益田は次のように答えている。

> 統一要求基準の話だね、例えば業種別格差をとりあげてないからだろう。そういう点もあるが、あの基準はあくまで、基準で制度案でも要求案でもない。賃金原則だけで闘うのが本当だが、それではあいまいだからも少しほり下げた訳だ。従って分会でもっとほりさげてもよいし又、この基準に照し職場の具体的賃金問題を拾いあげる時、第二原則の要素をうんと出せばよい。

この発言で注目すべき点は、全自執行部が1952年9月に出した六本柱の賃金の性格について明確に述べられていることである。まず執行部が提案した六本柱の賃金は「制度案」でないということである[7]。また賃金原則との関係では、賃金は「労働の質と量によって決まる」とした第二原則だけではあまりにも漠としているので、今回は熟練度という格差の観点から「ほり下げた」のである。そして、全自全体の基準としては業種間格差にまで踏み込めていないが、それができる分会や職場では掘り下げてもよいし、また特別作業手当のような形で攻めてもよいということなのである。
　もし、「業種別」という設定が今次の闘争では断念されたという事情を知らずに、「熟練度」だけで（最低）賃金決定が行われる六本柱の賃金と向きあうとなると、果たして「同一労働、同一賃金」の労働の同一性という点を全自はいかに理解していたのかということが問題となってもなんら不思議ではない[8]。それゆえ、「制度」ではないとしていたこと、及び「業種別」格差の断念については銘記しておく必要があろう。
　では、業種別格差を（暫定的とはいえ）度外視してでも六本柱の賃金を発表し、「同一労働、同一賃金」を目指す要求として提示したことの意義は何にあるのであろうか。まさに後年の研究者や経営側の理解がそうであるように、たんに誤解を与えるだけではないのか。その真意はどこにあったのか。この点に関連して、「賃金問答」の中で益田は次のように述べている。

> 同一労働、同一賃金の原則は文字通りでなく、資本主義社会の下で制限的に解釈している。制限的というよりも婦人労働者、国籍を異にする労働者あるいは臨時工、養成工というような名の労働者に対する差別待遇反対の闘争の歴史をこういう言葉でいい表わしているものと解釈する。

　ここで益田が主張していることを解釈すると、差別的な待遇を正すために同一労働同一賃金というスローガンが用いられてきたという歴史があり、全自の賃金原則もこの点に立脚するということである。つまり資本主義の下で生み出される差別や格差の是正を求める要求であることが重要であるとしているのだ

が,「制限的」「解釈」の含意は,資本主義社会の下では同一労働同一賃金が単純に可能となるとは考えていないというスタンスを表明していたともとれるのである[9]。

最後に,経験年数の異なる労働者が同一労働をすることについてはどのように考えているのかと質問を受けて,益田は熟練度の違う労働者が同じ仕事をしているのは「配置」の問題だと答えている。熟練度が違うのにもかかわらず同じ労働をさせられているという事態がおかしいのであって,人員配置上の問題として解決していく必要があることを指摘するにとどまるのである。後年,「完全雇用を建前とした人員配置」が「経験別・職種別最低賃金表」の確立を「困難」にしている理由として挙げられていることからすると(全自日産分会,1953,p.57),この時点での配置に関する益田の認識は不十分であったということになろう。

2　日産分会における要求書作成過程

全自の六本柱の賃金が暫定的な基準であり,制度要求ではなかったということは,これをもとに1952年秋季闘争における日産分会の要求案が作成されていくプロセスを検討することによっても明確となる。要求書策定をめぐる執行部と組合員との議論において,この賃金の性格が一つの争点となったからである。

1952年9月上旬に作成されたと推測される分会組織部「職場討議資料について」では「最低賃金制確立への第一歩」として「業種別格差迄確立することが望ましいが,我々の闘争力によって,激しい資本攻勢の中で利潤保障的管理賃金を打破し,最低賃金制確立の基盤を作ることが,今次闘争の使命の一つである」としている。そのために「労働者が理解し易く,討議し易い内容と格差」でなければならないと記されている。そして既に「業種別格差」については今回は断念するとの判断が下されており,同文書の発揮能力についての項では「各個人個人の発揮能力には当然差があり経験年数のみで技能格差をつけることに不備があるとの疑問があるが,第一歩の闘争として業種別格差を次回に譲っ

た状況からして、この問題だけ厳密にしようとすると反って意志統一を欠く因となる」として、業種別格差、および「発揮能力」による格差付け[10]を断念したことが明確に示されているのである。

次に同年10月3日の第十四回定期大会に向けて作成された『第十四回定期大会議案』（以下『議案書』と略）を考察しておこう。この『議案書』では日産分会は全自が統一要求案として出してきた六本柱の賃金について、「全自動車提案中、高級熟練労働（経験十五年）の上に更に高級熟練労働の上の格」を設けることを提案し、「七本柱」で要求していく案を出していることが一つの特徴をなしているが、この点について理由は明確には示されていないし、また本章の課題との関連も高くないのでこれ以上は触れないでおく。

職種別の格差については「事務部門、管理部門、技術部門については別の規準を設ける必要はない」とし、「事務管理部門労働者、技術労働者の労働の質に対する要求は補充要求として」取り上げる旨が提案されている。当初は「生産部門の普通労働の熟練」の格差付けとして設定されていた六本柱の賃金が、全労働者の熟練格差一般に拡大され、適用されることとなったのである。全自本部が職種別の格差付けを断念し、特殊作業手当など「補充要求」で質の問題は取り上げるとしたことと同じ方針が示されている。

さて、その文書の中に次のような注目すべき一文がある。

> 同一経験の労働者を全部一列にするのか幅があるのかという疑問があるが方針や統一要求規準の問題として考えると、この方針は「点」の要求であり現在の不合理な基本給にこの格差の数点の柱をクサビとして打ちこんで、賃上し不合理解決の第一歩としようとするもので、線の要求でもなく、又同一経験の中に巾がある事もない。（賃金制度の要求になってない事を意味する。）

この引用文の最後にカッコの中で書かれていることは重要である。ここでも六本柱の賃金（日産では「七本柱」）が、組合として独自の賃金制度や賃金体系を要求しているわけではないことが明確に言われているからである。分会の要求は最低賃金額の要求であり、組合としては既存の賃金体系のあり方が様々な

矛盾を抱えたものであり、それを修正する指標として経験年数という「クサビ」を打ち込むということが六本柱の賃金の意図するところなのである。そこに書き込まれている額は最低額であり、その具体的制度自体に関しては会社との交渉の中で決めていく方針であるということを意味していた。

　また実際、第十四回の定期大会においてはこの点が大きな論点の一つになったことが『日産旗旬報』第175号（1952年10月4日）より確認できる。「点の要求というがそれだけで要求になるか」、「点に巾はないか」ということが「特に問題」となった。また事務部門からは「所謂ジョブ、レートを主張していたのにこれをなぜ無視したのか」という質問が出てくる。それに対しては「無視しない、ジョブ、レートを基本にした正しい賃金制度確立に進む第一段階としてこの方針をとる」ということが明言されている。

　さらに同紙では吉原工場総務部での討議の様子が記されている。総務部には「職務調査の組合員がいるので討議は始めから根本問題に直面した」として、業種別格差を取り上げないのは問題でないのか、年齢給的なものにならないか等々が議論されたことが伝えられている。しかし、ここでも「結局制度改訂ではなく賃上で、点の要求をやってゆく、熟練格差は直、間を分離する必要はなし」、「業種別賃金をとりあげる場合に考慮すればよい。上昇カーブはモデル賃金でよい」という結論に至ったとしている。やはり、業種間格差が断念されたことと、「制度改訂ではない」という点が確認されている。賃金額をめぐる要求案であり、熟練度別賃金という具体的な制度を目指しているわけではないことがここでも確認されているのである。

3　六本柱の賃金の特徴

(1) 熟練度＝経験年数のみが残った理由

　1952年の全自の六本柱の賃金では、仕事に関する要素として唯一取り入れられたのは「熟練格差」であり、それは代理変数としての「経験年数」のみということになったが、なぜ「経験年数」のみが格差付けの要素となったのであろ

うか。この点について論及しておこう。

　一つに何よりも労働者にとって格差の指標を分かりやすいものとする必要があった。1952年秋の賃上闘争は、ベース・アップという賃上方式が個々人の賃上額を不明にしているという反省に立ったものであった。ベース・アップ額が決まっても、その個々人への配分は経営側の裁量に任されており、個々人には自分がいくらの賃上額となるかがわからないためだ。そのため「個人個人が自分の賃金額を解る」[11]闘い方が模索されており、六本柱の賃金は、個々人の賃上額を算定しやすくする一つの工夫であったということになろう。

　また、当時、経営者側からする職務給導入も近いとされているなかで、労働者にとって「理解し易くかつ討論し易い内容と種類の格差」でないと、「ごまかされて何をやられているのかわからなくなる」[12]ということもあり、熟練度の代理指標として経験年数という一目瞭然の「モノサシ」として導入されたと考えられる[13]。

　ただしこの点について後年、日産分会は反省をしている。すなわち「経験年数と賃金のみが結び付けられて経験8年2万円、経験15年3万円、というように呼ばれ、これは闘争の大衆化のためよかったが、一面、労働の格差として六段階に分けた点がぼけて来た」（全自日産分会，1953，p.56）のである。経験年数と賃金とを媒介している熟練度という考え方が、組合員たちの理解では単純化されて理解され、媒介項であるべき労働の熟練度が消失していたことを反省しているのであり、仕事給化を進めるという点からすると失敗であったとしているのである。「経験年数による規制」（赤堀，2004）のみでは賃金原則の第二原則を曖昧にしてしまうという観点から自省しているのである。

　次に、全自執行部は経験年数が現時点で組合員間で最低限一致できる仕事に関する格差付けの線であると踏んでいたのではないかということが考えられる。これを傍証する事例として『全自動車』第147号（1952年11月5日）「職場討論の中から（静岡支部）」とした記事を取り上げてみよう。この記事では職場討論で次のようなやりとりがなされたとして、かなり戯画化されて記されている。

　　Ａ：今度の賃上要求の賃金格差の物指しが経験年数一本だということは、やはり心

細いよ。技能格差、発揮能力はあるのだ。これが要素になってよい。
Ｂ：今までベース・アップではそれが取り入れられていたのか。
Ａ：全然無視されたから不満なんだ。
今度ベース・アップ闘争を批判するところから考えてもらいたいものだ。
Ｂ：現状認識不足だよ。今の賃金がどういう形になっているのかを知れば今度の方針は上出来だ。十分闘える。組合がここまで認識して進んだ闘いをやろうとしているところを見ない、理想ばかりいうと困るね。僕は今まで随分苦しめられたから、今度の方針で要求書がつくられ、交渉が始まってからは何だか気分がセイセイしているよ。
Ａ：経験一本は、やはりね。
Ｂ：君は学校出だからよくわからないかもしれないがね！経験とは朝お日様がでて夕方日が没する。これで一日。一日が三六五で一年。さういう簡単なものではない。寒い時、暑い後、空襲、油で手が切れそうな時もある。いやなことをいわれて歯を食いしばったこともある。そうなんだ。それが経験なんだ。その中に技能も発揮能力もあるんだ。もちろん将来の闘いが進み、労働者の力がのびてもっとよい制度、高い賃金をもらいたいことは確かだ。しかし、だからといって経験を軽んずることは許されない。君がそれほど経験がわからなければ、君の身体に経験というイレズミをしてやろうか。
会社が今度の交渉でこの辺のところにけちをつけたらぼくは、畜生つ！承知しない。

「学校出」と言われていることからホワイトカラーであると考えられるＡが賃金格差を経験年数一本にしたことを不満だとしているが、これは経験を排除しろと言っているのではない。あくまで他の要素も入れるべきだとしているのである。他方、ブルーカラーであるＢは経験だけでも闘えるとし、今回の闘争で一挙に様々な要素を入れ込むことを「理想」だとして退けている。これまで経営側の恣意に委ねられていた賃金の個別配分を、まずは経験年数という観点から是正していく必要性をＢは説いているのである。「イレズミをしてやろうか」という物々しさにもかかわらず、この両者の違いは戦術レベルの違いと捉えることもでき、両者の利害が最低限「経験」という要素を勘案すべきという

点では共通していることを示すものとなっているのである。
　第3に、上記の理由とは多少逆説的になるが、「経験年数」といっても必ずしも簡明に計算できるものではなく、その算定にあたっては様々な困難さが予測されたという事情もあろう。学歴や兵役期間はどのように経験へカウントするのか、同一、類似、異種の経験はいかに換算されるべきかなど、「経験年数」という「客観的な要素」においてさえも考慮すべき事柄は多々あり「経験年数の設定は慎重を要する」[14]という態度を全自は求めていた。実際、日産では1952年秋の賃金闘争が終了して、各人の賃上額が確定するのは翌年5月までかかっている[15]。このため、1952年の賃上闘争においては、まずは経験年数に基づく熟練度について労働者の間でコンセンサスを固めることに注力し、「業種間格差」については今後に持ち越す判断をしたとも考えられるのである。
　また経験年数を基準とすることによって年齢的な要素を加味し、第一原則である生活保障給との接続をはかろうとしたということも否定できない。岸本英太郎のいうところの「現実との妥協」（岸本編著，1962, p.166）である。「闘争の組織方針」では両者をいかにすりあわせるかはあまりにも漠として、不明確・未決であった。しかし、「賃金闘争の組織」では熟練度が経験年数に一本化しているため、経験0年の「未熟練労働」が「独身者の生活を保証するに足る賃金」、経験8年の「中級熟練」が「本人、妻、子供一人を養いうる最低生活費を保証する賃金」という形で連絡をとることを容易にしたのである。
　ただし赤堀（2004, p.51）が「全自型の賃金要求は家族数を想定しながらも家族手当という区分を設け」なかったとしているのは、明確な誤りである。これは赤堀が六本柱の賃金を賃金体系として誤解したところから出てきたものであろう。
　全自は『全自動車』（臨時大会議案特集1952年9月5日）で、基本給を「名称の如何に拘らず賃金の中で、家族手当、役付手当、作業手当等独自の目的をもつ手当および生産報償金を除いた賃金の基本になるもの」としたうえで、「家族手当については大巾の引上を規準にする」とし「妻二,〇〇〇円、第一一,五〇〇円、第二以下一,〇〇〇円」とする「統一要求の基準」を提示していた。
　これをうけて全自日産分会でも家族手当については「本来、社会保障的要素

の強い給与項目であるが、基本給に於て完全に家族扶養分を含むことが現状では困難であり、当分の間はこの闘いは続行しなければならない」[16]という認識を示し、全自の案に沿った家族手当の増額案を提示している。最終的な1952年秋の要求書でも「七本柱の賃金」とは別に「家族手当については第一扶養二,〇〇〇円第二扶養以下一人一,五〇〇円に増額すること」が要求されている。基本給における仕事給化を目指しながらも、家族賃金の枠組みから踏み出ることはなかった。「社会保障的要素」云々という表現から看取できるように、そこから踏み出ようとする志向性は認められるものの、現在のフェミニズム的観点からすれば男女差別的な性格を多分に残していたことになるであろう。ここにも六本柱の賃金の過渡的な性格が出ていると言えるかもしれない。

　最後に、当時の自動車産業の技術レベルの問題を考慮しておく必要がある。手工的熟練が多分に残り、作業においても経験年数の違いによる技能の差が大きかったと考えられるからである。事実、翌年の日産分会の文書「賃金闘争方針（案）」（1953年5月6日）では、この観点から、1952年の闘争では経験年数のみを格差付けの要素とせざるを得なかったことを説明している。すなわち「賃金第二原則には、大体『仕事の内容』と『熟練度』の二要素がある。われわれは今まで前者（仕事の内容）はプレミアムや諸手当の闘争から糸口を開くつもりで、当面、後者の熟練度をとりあげた。仕事が標準化されてなく、手作業の部分が多い現在の作業状況では、これは当然のことである。（だから、いわゆる職務評価も不可能に近い）」としていたのである。今我々はこの点を正確に評価すべき素材を有していないが、当事者による弁明としてここに記しておく。

(2) 六本柱の賃金と同一労働同一賃金

　六本柱の賃金とは二つの意味で、全自賃金体系などと呼ぶべきではないことを明らかにしてきた。一方では「業種別賃金」を断念した過渡的な性格をもつものでしかなかったという意味であり、他方ではそれは制度要求ではなく、獲得すべき最低賃金額を記したものにしかすぎないからである。六本柱の賃金のこのような二面的な性格は、全自内における同一労働同一賃金には二様の理解があったことに根を持つと考えることができる。以下、これについて確認して

おこう。

　第1章で指摘したように、上井（1994）は「同一労働同一賃金」と「民主主義原理に裏打ちされた平等原理」との対立を原因として職種別経験別最低賃金表が「流産」したと論じていた。しかし、管見する限り、全自の現場活動家層が賃金原則そのものに対して表立って批判したという証拠は出てきていない。1953年の賃上要求作成に際して、「分裂賃金」となることを恐れて「経験別職種別最低賃金表」に反対した人々も、全自の賃金原則そのものに反対したとする証拠は全くないのである。証拠がない以上、賃金原則の枠組みのなかで「平等処遇」を求めたと考えるべきであろう。とすると「同一労働同一賃金」というスローガンの理解の仕方をめぐり、異なる考え方が全自の内部にあったということになろう[17]。それがいかなる解釈なのかを確認しておきたい。

　一つは既に第2章で論じたように、経営側の恣意的な配分を抑えるという意味において査定規制的役割を同一労働同一賃金というスローガンに持たせる考え方である。上記引用で益田が「制限的に解釈する」とした理解であろう。これは職場における恣意的・差別的な賃金配分をどう規制するかという形で解釈され、職場における不公平是正のスローガンとして同一労働同一賃金が用いられていたことを意味する。この場合はできるだけ同一性の基準をわかりやすくし、経営側の差別的・恣意的要素ができるだけ入りこまないようにすることが肝要となる。

　『日産旗旬報』（第175号1952年10月4日）に掲載された青年部の「基礎賃金絶対賛成」という記事は「今度の案で何が一番気に入ったんだよ」という質問に対して「額よりも同一労働同一賃金だよ。今までの昇給やなんかをみろよ、今度は経験という事ではっきりとしているからごまかせないし、職制に対するおべっかもなくなってくるだろうよ」と答えた労働者がいることを伝えている。経験にしか足場を置かない同一労働同一賃金論だけでも、恣意的な配分を規制するという機能にとっては充分であったのである。「職制に対するおべっか」という言葉が暗示しているように、なによりもそれは、同一職場内での公正処遇を求める意味をもったのである。

　職場内での配分規制的な観点からすると六本柱の賃金の性格は明瞭となる。

制度要求ではなく、経営側が賃上げや昇給に際して恣意的な配分を行わないように監視するためのチェックリストなのである。実際、日産においては近似年齢の労働者が同じ職場で働いていても、入社年、社外経験の長短、査定結果等々によって随分と賃金に格差が生じていた（第2章図2－3）。六本柱の賃金はそれを熟練度によって是正するための尺度だったのである。執行部が賃金制度、賃金体系ではないと繰り返し主張していた意味はここにある。

　他方で、同一労働同一賃金というスローガンは、異種労働異率賃金という考え方を包含している。先の「闘争の組織方針」でも「職種を管理、純技術、純生産、雑益に分け更に各部門を数種類に分類して業種別格差を大胆に設定すること」とされており、仕事間での格差付けを要請する考え方につながっていた。上井（1994）や赤堀（2004）は、こうした格差付けの主張は職員層に多く見られたと指摘しており、その傾向があったことは先に引用した静岡支部における戯画化された討論からも推察される。

　しかし、過度に単純化することもまた不適切であろう。生産現場の労働者のなかにも、それぞれの職場や作業の特徴や特殊事情に基づいて、仕事の価値をめぐる格差付けに対する思いがあったからだ。実際、そうした思いは特殊作業手当の要求という形で現われていた。

　前章で触れた日産横浜工場工具製作課鍛造型仕上班の「低賃金、管理賃金に対する私の抗議書」がその例証となろう。この「抗議書」に書かれた特殊作業手当の要求には次のようなものがあった。「防具類不完全ノ為メ危険大ナル故……現在ノ五割増」（P）、「日中グラインダーのゴミの中で働いてマスクを使用して居ても口中はヂヤリヂヤリする作業であり」「現行の倍額を要求する」（M）、「特殊作業手当についえては3倍位にしろ。技術については工具製作の様な所の作業者には当然技術手当を付けるべきである」（I）、「エア・グラインダーを使用して仕事をしているが、眼鏡、マスク等適当な品がなく視力の低下など起っている。故にこの手当を、月額1000円要求する」（F）、「現在の手当はもうしわけ位しかついていない。はっきり作業の特殊性をつかんで考へろ」（D）などである。多くの労働者が粉塵等の蔓延する劣悪な作業条件に対する補償として、特殊作業手当の増額を要求している。

こうした要求は、個々の職場や作業がもつ「特殊性」や困難性が賃金の決定要素の一つとなるべきだと考えられていたことを意味している。他の職場とは異なる要素や条件に基づいて「普通労働」とは異なる仕事の価値・評価を求め、それを賃金に反映させろという声なのである。このような職場の声を出させることは全自執行部の戦略でもあった。既に述べたように仕事の要素を賃金に反映させていくという意図で、特殊作業手当の要求を表出するように促していたからだ。すなわち「第二原則適用はまだ不完全であるが、…中略…、各組合の特殊作業手当、生産闘争等の闘いを当分続けることによって、規準を発見していく方針である」[18]としていたのである。個々の職場や作業の特殊性に基づく要求の延長線上に、労働組合らしい「等級付け」の「規準」を模索していたのである。

　したがって、格差付けの主張をホワイトカラーにのみ結びつけて理解するのは過度の単純化となり評価を誤ることになる。むしろ、賃金原則の第二原則で示された同一労働同一賃金という考え方が、全自内部においては、職場内における査定規制、配分規制的な側面が強調される側面と、職場間の仕事の格差付けを促す側面とがあったということである。後者については、当初の「大胆に設定する」[19]ことを目指す立場から、職場から作業の特性や特殊状況に基づく要求を出させるなかで、労働者間の納得のいく仕事の格付けを模索しようという立場に転換していたのである。

　しかし、仕事間の格差付けについては、これ以上に具体的・積極的な方策は出されていない。ここに経験別職種別最低賃金表が頓挫した理由がある。1953年春の要求案作成おいても、個々の職場や作業から出されてきた要求を「積みあげ」るという姿勢を堅持し、その結果として「職種ブロック別」の最低賃金表を確立することを志向した[20]。しかしその結果出てきた格差付けに関して、全体として合意に至るための方策を持っていなかった。分会は、各職場ブロックから出てきた要求案を体系立った筋の通ったものにするスベを持っていなかったのである。このため「要求の基礎がわからない」、「分裂賃金になる」[21]という声があがり、1953年の要求においても経験別職種別最低賃金表をまとめることできなかったのである。共通の土台となるものがないままに、各職種ブロ

ックごとに最低賃金表を作る問題が改めて指摘されたのである。寡聞にしてブルーカラー活動家から「職種別賃金という形式の賃金要求に対する反対」(赤堀, 2004, p.47) の声があがったことを示す資料を知らない[22]。

各ブロックから出されてきた熟練度別賃金額を、全体の職種別の熟練度別賃金として総合する手続きを欠いていたこと、これはなによりも全自執行部が、具体的な賃金制度なり賃金体系なりを設計しようということにおいて慎重な態度をとっていたことにかかわってくる。少し時期は遡るが『全自動車』131号（1952年2月25日）[23]には次のように書かれている。

> 給与制度はもともと資本主義体制の下では賃金を支払う方法として資本家が出して来るものであるから、労働者が全部納得する制度はあり得ない。
>
> 　社会主義体制の下なら考え方としては労働者の納得する給与制度がありうると思われる。労働者が働らいてつくり出したものから生産を続けるに必要な材料代等の費用や国家の費用を引いて残りを労働者が分配するという事はあり得るだろう。
>
> 　所が資本主義体制ではこれは不可能である。従って給与制度について組合が何から何までやれると考えるのは方針の誤りである。資本家、経営者が出して来る支払い方法としての（労働者を対立させ分裂させる要素も含んでいる）給与制度に対しわれわれが基本方針に示した原則とこれに基いて決定された要求の立場に立って批判し闘う方向があるのみで結局は段階に応じ逐次労働者に有利な条件を加えて行く闘いである。

組合としては賃金についての基本方針を確立しておく必要性はあるが、しかしその制度設計を自ら行うことはしないという態度がここには示されている。その態度の背景には、当時の社会主義革命思想が強く陰を落としているのは容易に看取できよう。本質的な問題の解決は社会主義社会にならない限りありえないという立場にたって、資本主義体制下での改革の限定的性格を主張している。

しかし、他方、組合が具体的な賃金の制度設計に携わることは「労働者を対立させ分裂させる要素も含んでいる」との認識があったことも見落とすことはできない。制度設計にまで深入りすると、それは労働者間対立を引き起しかね

ないという危惧を抱いていたのである。したがって経営側が出してきた制度を叩くというスタイルで対応しようとしていたのである。経営と対峙するなかで、現実の政治力学の観点から出た方針でもある[24]。

実際この時期、仕事間の格差付けにあたっては、多くの組合で利害対立に悩まされていたのであり[25]、全自もまた例外ではなかったのである。全自日産分会に関していえば1947年の賃金制度改訂に際して、組合主導の改訂案でほぼ決定されることになっていたにもかかわらず、最終段階の労使合同の委員会で部門間対立、課間対立を惹起し、やむなく「暫定的措置」として会社案による「不均衡是正」措置を採ることにしたという経緯がある（第2章参照）。

まだ多分に牧歌的であったこの時は会社側案を採用することで事なきを得たが、しかし労使の対立がそれなりの厳しさを増していた1952年となるとそうもいかない。組合自身での格差付けに着手することは、組合員間の利害対立をもたらし、また会社側からの付け込みを招き入れることにもなりかねない。その結果、組合分裂を惹起する恐れがあったのだ。後年第二組合結成を主導した人たちによる活動も既に表立った形をとるようになっていた（日産労連b, 1992, p.p.372～373）。したがって自ら格差付けに手を染めることは慎重にならざるを得なくなっていたのである。「業種別」の断念とは、こうした態度の結果だったのである。

4　小括

本章では、全自が1952年に提起した六本柱の賃金（および日産分会の「七本柱の賃金」）は二つの意味で、全自型賃金体系と呼ぶべきではないことを示してきた。一つにはそれが職種別（もしくは「業種別」）賃金にまで踏み込むことができなかったという意味においてそうである。六本柱の賃金だけをもって当時の全自が構想していた賃金を評価しようとするならば、それは大きな間違いとなろう。確かに、賃金原則を具現化させようとする賃金要求であったが、しかしこの意味では未完成なものであった。とりわけ第二原則の精神を完全に

具体化できていたわけでなく、あくまでも過渡的性格しか有していないものであった。
　もう一つは、六本柱の賃金が、賃金制度や体系の要求ではなく、賃金額の要求案でしかなかったということである。普通生産労働について経験年数に読み替えられた熟練度に基づいて最低限獲得すべき賃上げ目標基準を記した表でしかない。そうした額が実現されるよう現行の賃金制度の下で是正することを求めていたということであって、会社側の出してくる賃金体系の下で最低限獲得すべき基準を提示したものでしかないのである。したがって、個々の賃金要素を組合が細部まで設計した電産型賃金と比較できるほどの内容を持っていたわけではないのである。
　六本柱の賃金がもつこの二つの性格の背景には、全自内における同一労働同一賃金のスローガンの二つの理解が反映している。一つは職場内における恣意的で差別的な査定や配分を是正するスローガンとしての同一労働同一賃金論である。それは何よりも労働者にとって分かりやすい基準で格差を示すことで、現行の賃金の歪みを浮き彫りにするということであり、熟練度＝経験年数という尺度はこの方針に則って選ばれたのである。それゆえ六本柱の賃金は現行賃金の是正点を示すという意味で充分な是正のツールになりえた。六本柱の賃金が賃金体系ではないと繰り返し執行部において主張されたのは、こうした役割に限定された表だということの表明である。
　他方、同一労働同一賃金は異種労働異率賃金という考え方を包含している。これは職場間、職種間での労働の格差付けを意味することになるが、その格差付けのルールや方法を全自は積極的に構想しようとはしなかった。しかしこれは、全自が画一平等という立場にたっていたことを意味するわけではない。賃金原則の第二原則に則って、仕事の質的な側面からした賃金決定を目指していたことは確かである。労働者らしい格差付けを模索するために、1952年の秋の賃上闘争においては、この要素を「特殊作業手当」要求という形で各職場から提出させた。また翌年においては、この延長線上に現場の実感を積み上げる形で、各職種毎に熟練度別最低賃金を作る方針とした。しかし、職場から出てきた要求を総合するツールを有していなかった。このため単純に積み上げるとい

う方式は、各職種の要求の基礎がわからず分裂賃金になるとの職場からの批判が出て断念せざるをえなかったのである。

したがって「業種別」もしくは職種別の経験別最低賃金表の断念を、同一労働同一賃金の原理を支持したホワイトカラーと、平等の理念に立ったブルーカラーの対立の帰結とみなすことは過度の単純化になりかねない。あくまでも仕事の格差付けをめぐって、当時一般的に見られた労労間の利害対立を惹起することを恐れ、その道具立てについて深入りするのはよしとしなかった全自の方針の帰結でしかなかったのである。

注

1) 「闘争の組織方針」1952年作成期日不明。この文書の内容については後述する。
2) 益田哲夫は後年「1952年全自動車の統一賃上要求で組合がたたかうまでは、賃上げ要求その他の闘争目標は、ほとんど全部、職場でつくりあげてきた」（益田，1954, p.6）として1952年秋の賃上闘争がそれまでの闘い方とは大きく異なっていたことを指摘しているが、分会側としては当初従来の賃上闘争の仕方で賃金原則に対応しようとしていたことがわかる。この意味では全自の賃金原則の持つ意義は、企業の枠を超えた産業別組合として、統一の方針・指導性の下で活動を推し進めていくということにあったとも言える。
3) 全自『全自動車』131号 1952年2月25日。
4) ただし、この熟練度表は「生産部門の普通労働」としているが、会社や職場によってはこれに「事務部門・管理部門（あるいはこの二つを一緒にして）・技術部門」に「熟練格差」を設定する必要があるとしている。
5) 藤田若雄（1957, p.402）は「経験年数による熟練格差」の「客観化」・「標準化」が「わが国の伝来的な勤続年数中心の労務管理政策」に対する「挑戦」であるとして高く評価している。
6) 全自『全自動車』（臨時大会案特集）1952年9月10日 p.8。
7) 「要求案」でもないと述べているが、ここではあまり重要ではない。この案をもって各分会に押しつけるのではなく、これを基準としながら、それぞれの分会や職場の事情に応じて「要求案」を作成してもらいたいということと解釈できるからだ。実際、日産分会は額について本部案を下回る要求となった。
8) ただし、既にこの点については上井（1994）が日産分会の1953年争議に関する研究のなかで「経験別職種別最低賃金表」の「流産」について論じているので、近年の研究

者でこのような誤解がおこることは考えにくいと思われる。しかし全自が賃金原則発表の当初から「業種別」を意識していたが、当座打ち出せないでいたということは強調しておいてよい。

9) このように解釈した理由は後で引用する『全自動車』131号（1952年2月25日）における見解との連続性においてである。そこでは資本主義体制においては「労働者の納得する給与制度」が「不可能」であり、したがって「逐次労働者に有利な条件を加えて行く」闘いでしかないとしているからである。

管見するかぎり、このように理解した場合、益田の同一労働同一賃金に対する見解は当時の「革命的同一労働同一賃金論」（下山，1966，p.156）の潮流に位置付けられることになろう。この潮流は「同一労働同一賃金」というスローガンを資本による差別や格差付けに対する抵抗のスローガンとしてのみ評価し、政治的変革の伴わない「同一労働同一賃金」の実現可能性を否定的に評価していたからである。この潮流の代表的論者である西村豁通は「資本の欲求は労働者間のあらゆる差別を利用する剰余労働の増大であり」、「『同一労働同一賃金』の要求は、同一の労働の量と質に対して同一の支払いを要求することにより、資本の収奪に対抗しようとするものであった。しかしながらこうした要求は資本主義においては容易に実現せず」、したがって「労働者階級を主導力とする政治的な変革の要求に直ちに接続する必要がある」（西村，1955，p.199）と述べている。

10) 「発揮能力」による格差付けは人事考課によって賃金に格差を付けることを意味する。分会は人事考課により格差を付けろという組合員の要求に対して1952年争議では、「業種別格差」を断念したことを理由に退けた。しかし、翌年の闘争においては要求書にはそれを載せることとなった。

11) 日産分会『第十四回定期大会議案』1952年秋頃日付不明。

12) 全自『全自動車』1952年9月10日。

13) 1953年の賃上要求における「経験別最低賃金表」（表1-5）は、この点から更に細かく1年刻みの経験年数を設定することになった。

14) 全自『全自動車』臨時大会議案特集1952年9月5日。

15) 日産自動車株式会社取締役社長浅原源七「従業員各位」1953年6月10日。なお会社側は勤続を経歴に置きかえるにあたって、戦争で「戦前入社の人たちの履歴書を焼いてしまった」ので「技術的に困難だ」としていた（全自『全自動車』1952年12月5日）。こうした歴史的条件のため、経験年数でさえ、必ずしも簡単に確定できるとは言い難い側面があった。

16) 全日日産分会組織部「職場討議資料について」1952年作成期日不明。

17) この時期、同一労働同一賃金の解釈が多義的であったのは労働組合内部だけではない。アカデミックの世界でも「同一労働同一賃金論争」がもちあがっていた。その枠組み

においても、同一労働同一賃金のスローガンが「異種労働異率賃金」に結びつくとする解釈（氏原：労働省婦人少年局，1951に所収，舟橋，1954等）と、それを否定する解釈（西村，1955、黒川,1955等）とに割れていたのである。

18) 全自『全自動車』臨時大会議案特集1952年9月5日。
19) 「闘争の組織方針」1952年作成期日不明。
20) 全自日産分会「賃金闘争方針（案）」1953年5月6日。
21) 全自日産分会「状況報告（追加）」日付不明。
22) 逆に、安易な格差付けに対しては職員層も反対した。全自日産分会（1953, p.54）には1953年の「五月の紅葉坂の大会の当時、宮家君たちが、一つの職階給を提案したが、あれには事務層の大部分が反対していた」とする声が掲載されている。
23) 『全自動車』131号は1952年の賃金闘争の方針が設定され、同年夏の賃金原則のプロトタイプが提示されており、全自の賃金政策を考えるうえで非常に重要な文献である。これについては第2章を参照のこと。
24) 全自の取ったこうした態度に対して批判的な声もあった。1953年の争議敗北後に出された『自己批判書（案）』には次のような組合員の声が掲載されている。「制度について、組合が手をつけない点、私は問題だと思う。裏から考えて、組合に力が非常にあれば、会社にやらせて叩くという点もあるが、今後の情勢ではそれも困難になる。そこで賃金制度について労働組合の方針と方式、主張を持つ必要があるんだ」（全自日産分会，1953, p.54）。
25) 藤本武は1950年に労働省婦人少年局が開催した婦人問題会議の労働委員会で以下のように発言し、当時の状況を伝えている。「職務評定では…中略…いつでもリラテイヴ・ウエイジだけを問題にする。…中略…リラテイブ・ウエイジだと労働者の間のバランスが問題だ。そうすると、労働者の間にけんかが起る。組合へ私もよく行くのですが、この職務評定の問題になると内部紛争がおこりまとまらず、労研あたりで科学的にきめてもらいたいと言つてこられる」（労働省婦人少年局，1951, p.82）。

第4章

経営側から見た全自の賃金原則

　前章までにおいて全自の賃金原則と六本柱の賃金が持つ意味と、その賃上闘争の具体的展開を確認してきた。では経営側の一方的な配分を規制しようとするこうした全自の賃金政策を、経営側はどのように見ていたのであろうか。資料の制約のために十全な検討ができるわけではないが、本章では日産が賃金闘争時に社長名で従業員に郵送配布した文書や、日経連による全自の賃金要求批判文書を検討することによって、その批判の眼目を明らかにしておきたい。

　ここで新たに検討するのは日産自動車が社長浅原源七名で賃金闘争時に従業員およびその家族を対象に郵送配布していた文書である。社長名で従業員やその家族に訴えかける文書は争議時には頻繁に配布されており、浜賀コレクションにも残されている。その多くは争議中の時々のトピックについての経営側の見解を伝えるものであり、1953年争議の時にはノーワーク・ノーペイの実施意図、職場闘争批判、ロックアウトに至った理由、会社側提案の即時受入れを求める文書等が現存している。

　全自の賃金原則やそれに基づく賃上要求に関する経営側の見解を伝えている文書としては次の3つが残っている。すなわち、1952年11月付け「従業員並びにご家族の皆さんえ〔ママ〕」、1953年6月10日付け「従業員各位」、同年8月5日付け「従業員各位」である。前者2つはチラシであるが最後の文書は全9頁ほどの小冊子となっている。この3つの文書および関連する文書（例えば1952年10月30日付け「賃上並びに之に関連する諸要求の件回答」）と、日経連の文書を検討することで、経営サイドからの批判を概観しておくことにしよう。

1　1952年秋の賃上闘争時の批判

　まずは1952年秋の賃上要求に対する会社からの最初の回答である「賃上並に之に関連する諸要求の件回答」[1]を検討しておこう。この文書では次のように述べられている。

　「過去七年間の日本経済の歩みの中で一年に何回と云ふ程の烈しい組合の労働攻勢と経営側の之に対する已むない妥協に依って次第々々に積上げられて来たものであり、給与の区別各人への配分等何れも納得の上で皆働いて来た」のであり、また給与のなかで問題にされている基本給部分についても「終戦直後の全員解雇再採用の線より出発し、途中不均衡是正等の過程を経たもので、歴史的沿革は前述積重ね給与よりも古く、今日では最早動かすことの困難な各人の序列となってしまっている」。このために賃金全体の変更は難しいとしているのである。

　また、会社側としては、「賃金が労働の質と量に応じて、正しく支払われねばならない」ことに異論はないが、これも「相対的問題」であり、賃金の決め方の是正を通して賃金の「大巾引上げ」を目的としていることに対しても首肯できないとしている。

　その上で、会社側の賃金に関する「基本的な考へ方」として次のように述べている。

　　(イ) 賃金は企業の枠内で考へらるべきである。
　　(ロ) 賃金はその性格上安定さが大切であるから、どの位なら支払って行けると云ふ企業の安定度が充分考慮されねばならない。（一時的な企業業績のピークをとって賃金を引上げることは無謀である）
　　(ハ) 賃金は社会的水準を逸脱してはならない。（自動車製造工業は、とくに関連産業の協力により成立するのであるから、この要素は特に肝要である）
　以上は、従来の賃上交渉時に於ても説明した処であり、今日でも変更はないし、常識として何人も首肯し得るものと信じている処である。

この「基本的な考へ方」は専ら賃金額の水準の議論で応戦しているだけで、配分の問題については何ら有効な反論ができているわけではない。したがって、この時点での会社側の対応は、大幅な賃上げにつながる賃金の決め方の変更に反対とするだけで、独自の賃金の決め方に対する観点はなく、現状の賃金を労使の歴史的産物としたうえで全面的に肯定しているのである。この意味で決め方に対する保守的な対応として特徴付けることができる。

　次に1952年11月付け「従業員並びにご家族の皆さんえ(ママ)」を検討してみよう。郵送配布されたこの文書においては、「賃上並に之に関連する諸要求の件回答」よりも少し踏み込んだ見解が出されている。大きく二つの観点から日産分会による「賃上並びにこれに関連する諸要求」への批判が展開されている。一つは「額の面」への批判であり、もう一つは「賃金の組立て方」に対する批判である。しかし、前者が主を占め、後者の側面についてはまだ積極的な批判が展開されていないところに、この文書の特徴がある。

　額の側面からの批判というのは、分会が生活水準の戦前復帰を目指し大幅な賃上要求をしていることに対して、「日本の経済力」という観点、高賃金により国際競争力を喪失する懸念、および同業他社との比較においても賃金水準が高位にある点などから、組合要求の賃上げを受け入れることは難しいと主張している。そして設備更新のために資本蓄積を進める必要性を唱えている。先の「基本的な考へ方」を具体的なレベルにまで展開した批判であると見ることができよう。

　他方、「賃金の組立て方」に対する批判では、現状における賃金の決め方を消極的にではあるが是としている点では先の「賃上並に之に関連する諸要求の件回答」と変わらない。すなわち「現在の給与には若干の矛盾はあるとしても、これは終戦後過去七年間、会社組合間に於て取定められて来た歴史的な所産であつて、其の間基本給の不均衡是正等も行い、一応納得の上で皆さんが働いて来た云わば皆さんの既得権とも称すべきものである」との認識を示していることである。そのうえで会社は、「給与制度の研究を怠つている訳ではありません」としながらも、「歴史的に積重ねられて来た序列を今直ちにくずすことは非常に困難なことであり又混乱の虞れがあります」としているのである。

ただし、分会の「七本柱の賃金」に対する検討も進められている。すなわち分会が提起してきた経験年数に基づく「最低基準点」については、熟練度に依拠する賃金としながら専ら「経験年数」のみがその「物指」となっている点を批判し、熟練度は「各人の能力や努力の差」や「職種」によって異なってくるとしている。したがって「農漁業の如く全く異種のものを除き十六歳以上の社内外の経験及び学歴等を同一に見て」、経験年数にのみ基づく基本給の最低基準点を出している分会の案は受け入れられないとしているのである。

この段階で経営サイドは明確な賃金制度のビジョンをもっていたとは言い難い。だが、この時点において会社側は新賃金制度の案を出してきている。第5回の団交で「会社は…中略…、新しい給与制度を立案中であり案が出来たら組合に示すと発言」し、それに対して組合側は「案が出来る前に大綱でも組合に示すことを要請」したとの記録がある[2]。そして同年11月15日付け（日産分会）教宣部「情報第七号」には「会社の所謂賃金制度についての概略を説明した」とあり、「まだ検討中で提案ではない」として次のような会社側の説明が掲載されている。

(1) 現在の賃金支払額を基準に年令給プラス職務給と云う考い方で作った。
(2) 最低の線は年令に対する家族構成比を基準にカロリー計算、エンゲル係数によって算出した。
(3) 各人のプレミアムを除いた全収入から年令給を差引いたものを職務給とした。従って家族手当は廃止になる。
(4) 格差は職務により十一段階に分けるが具体的には各人の賃金を基準にあてはめる。

ここで経営側が提示した賃金制度は、年齢別の最低保障給と仕事給部分からなる広義の電産型賃金であるとみてよいだろう。さらに、その仕事給部分となる職務給は、名前こそ職務給とされているが、現行の賃金額から最低線をなす「年令給」を差し引いて決定されるものである。会社側はこの時点では全自の賃金原則に全面的に対抗できるほどの新たな構想をもっていなかったといっても過言ではなかろう[3]。

このように会社側の組合後追い的な対応の結果、1952年秋の賃上闘争においては組合側に押し切られることになったのである。実際、妥結に近づくなかで、会社側の回答には「特別昇給については、組合案の賃金の組み立てから何等かを取り入れようと考へたのであるが、余りに考え方が膨大で取りつく島もないので、勤続年数一年につきいくらと云うことにすればいくらかでも組合の考へに近くはないかと考えたのである」[4]という文言も見られ、経営サイドからした組合への譲歩が明確に述べられているのである。

2　1953年賃上闘争時の批判

　以上が1952年秋の賃上闘争における経営側の対応であったが、分会が先攻し、それに対して会社側が応戦していくという特徴があった。これに対して、翌1953年の賃上争議における対応においては、より姿勢を明確にして全自の賃金原則及びそれに基づく賃上要求を非難している。先述した1953年6月10日付けと同年8月5日付け「従業員各位」を検討し、その批判を確認しておこう。
　一つには、要求額の算定に使われたマーケット・バスケット方式に対する批判が明確に打ち出されるようになっている。「品目、比率、等要素の採り方に依つて数字が如何様にも変化するものであつて、第三者の批判もまちまち、単にこういう数字が出来る方法もあると云う程度のものである」[5]として、マーケット・バスケット方式から出されている要求額の妥当性に疑義を投げかけている。
　もう一つは配分をめぐる批判である。ここに至ってようやく配分の見地からした全自批判が出てきたとみてよい。七本柱の賃金において経験年数を唯一の尺度として熟練度が取り扱われている点について、実質「年令別給」[6]となるという観点から批判を投げかけているのである。すなわち、分会の要求では、「経験一本槍」しかも「経験の種類と質」を問題にしておらず、「一つでも年令の多いものが多くの賃金を取り其の線では学歴も技能も勤怠も何も考えては貰えないことになるのである」[7]。この理解に立脚して、会社側は分会の賃金配分

原理が実は「年令」なのだという観点から分会を攻める。

1953年の日産分会の賃上要求では、「第二要求の二」として、経験年数別最低賃金額（S）から現在の賃金額（A）を減じた差額部分の3割をプールして、能力査定部分として配分する案が出されていた。分会側は査定項目に「十二月から実施した能力加給の巾を拡げたこの種の事項」、「管理労働」、「特殊技能」、「長期勤続による特殊技能」、「経験二十年を超える者の特殊技能」を「少くとも」取り上げることと要求し、これについては「会社・組合に協議機関を設置すること」[8]としていた。

しかし経営側はこれも額面通り受け取らず、「年令」が分配を支配することになろうと主張する。

> 組合はここで更に夢を画いている。それはその時の学歴、技能、其他の要素の持主の不平を緩和する為にこれ等の人々の為に、三〇,〇〇〇円（組合の云うS）、と一九,〇〇〇円（同じくA）の差の三割、三,三〇〇円をプールして加算し様とするのである。プールを少数の人々が取れば別格であるが、萬遍なく分配すれば普通人も学歴、技能を積んだ人々も其の差は僅少であつて、賃金は依然年令が之を支配する[9]。

能力査定を実施することになっても、分会が主導する限り、結局は「年令」に基づく分配の原理に堕し、大きな格差をつけることができないだろうと想定し、経営側はその提案を一考だにしていないのである。そして、大きな格差をつけられないことの災禍を主張する。

> 若し斯る賃金形態が良いと云うのであれば、現在の給与を斯る形態に再分配して見たらどんなことになるのであろうか。そこには平均化された人間の緊張も努力もない、至極平凡な労働力しか残されないことになり、高度の精密工業である自動車工業は成り立たなくなるであろう。[10]

以上のように、1953年争議時の経営側の分会批判の特徴は、分会側の要求する賃金の決め方を全て年齢によって決まる賃金であると決めつけてしまってい

ることにある。経営側は分会の賃金要求を年齢準拠型賃金であると宣伝することによって、従業員の分会からの離反を画策していたのである。こうした主張を従業員に訴えかける背景には、年齢準拠型の賃金に対する不満を有する従業員がおり、分会の仕事給化をめぐる要求が実は年齢準拠型賃金であると"暴露"することによって、彼らの共感を獲得し、分会への離反が生じるという読みがあったということになろう。

　また、年齢に基づく悪平等な賃金ではなく、学歴や技能の適正な評価付けに基づき格差付けられた賃金の必要性を切り口としながら、経営側による人事権、査定権の確立の正当性や必要性を訴えていることにもなる。もちろん経営側がこのように攻めることができたのも、分会の側での職種別賃金の断念があったということであり、分会にとってはこの断念に付け込まれたということになる。

3　日経連の批判

　日経連は1953年6月に『今次の全自動車の賃金要求について』と題した手書きの小冊子を発行している。その中で、全自の「代表的」な例として日産分会の賃上要求を詳細に取り上げ批判している。
　日経連は4つの項目にわたって日産分会の賃上要求書を批判しているが、一つは退職金への批判である。これについては本書の課題を超えているので、ここでは紹介しないこととし、他の3つについて取り上げてみよう。日経連の批判は、①熟練格差と賃金格差、②マーケット・バスケット方式、③職種別最低賃金と能力プールという3つの項目からなっている。
　①熟練格差と賃金格差においては、全自の賃金原則が「労働の質量には一般的に労働の強度（重労働、軽労働、環境）、仕事の難易（高級、低級、複雑）労働に対する技能、熟練度の高低で決められる」としていたが、実際に分会から出てきている案では賃金格差付けの根拠として用いられているのは熟練度のみであり、しかもその熟練度を経験年数という「尺度」でのみ評価していることである。このため「労働の強度、職務の難易、技能経験、熟練、勤怠等労働の

質量判定の諸要素」が考慮されておらず、「年令給乃至勤続給」となってしまっていると批判している（日経連，1953，p.p.5〜6）。

②マーケット・バスケット方式が、全自の賃金要求の「裏付」として採用されているが、その客観性について疑義を呈している。「マーケット・バスケット方式は消費可能物量を無視し」、「およそ実態生計費とは全く遊離したものであり、主観と恣意により如何ようにも変化する極めて弾力的変動性をもっている」として批判しているのである（日経連，1953，p.6）。

③職種別最低賃金と能力プールについては、「職種別賃金確立の狙いは各職種間の不満を緩和するため」であるとしたうえで、「職種別賃金格差を労働者自身で勝手に決めること」に問題があるとし、その結果として「多分に職種間の勢力バランスに影響され従って結果的には極めて差等の少ない総花式な配分」となってしまうのではないかと危惧している。経営側は職種別賃金における格差は「職務の分析、評価、格付けによる判定」に基づいたものが必要であるというスタンスに立ったうえでの批判となっている（日経連，1953，p.8）。

そして、「職務給、職階給では会社が一方的に配分を決定し職制の強化、身分給となる」という全自の1952年の秋の主張が、その後「合成化学、紙パルプ、私鉄等の賃金闘争においてもみられた」ということにこそ日経連は脅威を感じている（日経連，1953，p.8）。「影響力も決して過少評価し得ない組合」（日経連，1953，p.1）であるが故に懸念を示しているのである。

なお日経連は全自の六本柱の賃金と電産型賃金との類同性を指摘している。

> 現在賃金の上に経験別賃金、職種別賃金、能力給を順次積上げようとする「全自型新賃金体系」はかつての「電産型賃金体系」が基準賃金の中で能力給と生活保障給を並列的に獲得せんとする方式に対して生活保障の上に能力給を積み上げようとするもので、若干趣きを異にしてはいるが一貫して流れる考え方は年令別最低賃金の上に若干能力給を申訳け的に附加するとともに上下の賃金格差を圧縮せんとするものに過ぎない。（日経連，1953，p.8）

ここで日経連の主張は、賃金体系もしくは形態上での類同性ではなく、明記

されているように賃金格差の圧縮という点での類同性である。日産首脳陣が、分会が主導して格差を付けることになったとしても「年令別給」にしかならないので、有意な格差がつかないとしていたことに対応している。

むしろ、日経連の本意が「経営権に基く人事権を否定せんとする露骨な主張で組合の一方的な査定によるかかる職種別賃金格差を鵜呑にすることは到底出来ない」(日経連，1953，p.8) ということにあるとするならば、全自が、能力給部分における査定権を経営側に委ねた電産型賃金の運用実態から離脱し、組合独自の基準で職種別格差の設定に進もうとしていることが、日経連にとっての危機意識の根源にあるということになろう。

4 小括

1952年秋の争議においては全自の賃金原則ならびに日産分会の七本柱の賃金について、経営側は保守的な態度で臨んだ。それは社会的にも経営的にも大幅な賃上げが許される状況ではないという賃金水準をめぐる観点からの批判を主としながら、配分に関しては歴史的に労使の妥協によって決定されてきた現行の賃金制度を大きく変えることは難しいという認識にたったものであった。

しかし1953年の賃金争議時の批判は大きく様変わりをする。とりわけ配分に関する問題については、分会のそれが「年令」に準拠したものでしかないと解釈し、この点から徹底したネガティブ・キャンペーンをはったのである。分会に任せると、あらゆることが「年令」基準で判断されかない。したがって、それとは異なる適性な格差付けが必要であるという批判に転じたのである。これが意味していることは、年齢準拠型賃金に対する不満をもった労働者が少なからず存在し、それを経営サイドが認識していたということを意味するし、他方で適切な格差付けを担うことができるのは経営側なのだというシグナルを送っていたということになろう。

1953年の日産経営陣による批判と、日経連の批判を比べるとどのようなことが言えるだろうか。両者がほぼ似通った批判であることはいうまでもない。た

だし、前者が主として従業員向けのディスクールということもあって、分会の賃金要求は年齢準拠型賃金であるというデフォルメを徹底することによって、従業員の公平観なり平等観に訴えかけようとしている。これに対して、経営者を対象にして書かれた後者では、あけすけに経営側主導での格差付けがなされなければならず、したがってそれを脅かす日産分会の試みは排撃せねばならないとしているのである。経営側にとっては全自の賃上要求は「打破しなければならない」「物取り野盗的な左派組合の政治階級闘争的賃金要求」（日経連，1953, p.26) であったのである。

しかし、それは誰を対象としたディスクールなのかという違い以上のものではなく、日経連および日産経営陣は、手を携えて全自の賃金原則および日産分会の賃金要求の批判を構築していったとみてよい。その中で、配分の決定権限を絶対に組合に譲り渡してはいけないことが明確に意識されるようになった。この点で、1953年の経営側の問題意識は分会による人事権の蚕食を食い止め、その不可侵性を確立することにあったのであり、分会と妥協を画策した1952年秋とは全く位相を異にしていたのである。

注
1) 日産分会教宣部「情報第二号」1952年10月30日に添付。
2) 日産（分会）教宣部「情報第6号」1952年11月10日。
3) むしろ、この時点の対応では分会側が「組合の賃金原則と会社が十四日発表した賃金構想を噛合せ当面可能な範囲の妥結点を見出」（日産分会「交渉に関する申入れ」1952年10月16日）すと現実的な対応していることが特徴である。
4) 日産（分会）教宣部「回答」1952年11月26日。
5) 日産自動車株式会社取締役社長浅原源七「従業員各位」1953年6月10日。
6) 日産自動車株式会社取締役社長浅原源七「従業員各位」1953年8月5日。
7) 日産自動車株式会社取締役社長浅原源七「従業員各位」1953年6月10日。
8) 全自日産分会『日産旗旬報』号外1953年5月22日。
9) 日産自動車株式会社取締役社長浅原源七「従業員各位」1953年6月10日。
10) 日産自動車株式会社取締役社長浅原源七「従業員各位」1953年6月10日。

第 5 章

日産分会のプレミアム闘争と賃金原則

　1950年代前半の日産の賃金制度において、少なからず研究者の興味を引いてきた賃金要素としてプレミアムと呼ばれた生産奨励給がある（山本，1978、嵯峨，1981、上井，1994等）。これは能率刺激給部分と集団的出来高給部分から構成された賃金要素であり、当時の月収の20％程度（日産，1951，p.22）を占めていたと考えられる。

　労務管理的意図を直截に表現しているこの賃金形態に、上記の日産労使関係史研究はその歴史的な意義を見いだしてきた。山本潔（1978）は基本給を中心とする時間給制度の前史としての意味をプレミアム賃金に与え、「流れ作業方式の完成」以前の賃金形態を特徴づけるものとして「最重要項目」であるとしている。自動車生産のライン化、システム化が未だ十分ではない歴史段階において、能率や生産量を確保する手段として用いられていたことに注目しているのである。

　またこれまでの日産のプレミアム賃金の研究において頂点をなしていると考えられる上井喜彦は、「かつての軍隊的な労務管理」が不可能となった戦後の状況で「労働者の欲求を刺激して労働強化を実現する」賃金形態と位置付けた。そして、プレミアム賃金のもつ「労働強度の高度化」や「残業刺激的性格」に着目し、1952年における全自日産分会の闘争をプレミアムによる労働強化や残業への対抗としての「プレミアム闘争」と位置付け、この延長線上に1953年の大争議を置いている（上井，1994，p.54）。その際、1952年のプレミアム闘争ではプレミアム額を規定する要因の一つである標準時間についての批判が集まったが、しかし日産分会は「標準時間についての方針を持っていない」ため、翌

年にはそれまでのプレミアム増額の要求からプレミアム廃止の要求へという「コペルニクス的転換」がなされたともしている。

　筆者自身の見解を予め述べておけば、上述のようなプレミアム賃金が労務管理上有していた歴史的性格については特に争う余地はない。まだ自動車のライン生産が初期的な段階、月間生産台数が500台程度の時期である。個人的・集団的な技能や裁量によって大きく生産性が左右されるが故に、労働の積極的支出を促すインセンティブ機構が、生産の外部に必要とされていたということになろう。

　しかし、この時期の日産分会の闘争をプレミアムの側面に集約させ、それを過大に評価することについては疑問である。確かに日産分会は1952年夏から初秋にかけて「プレミアム闘争」に取り組んだが、同年秋の賃上闘争までをも含めて「プレミアム闘争」として位置付けるのは事実認識として間違っているし、またそれが直接1953年の大争議へと直接発展したと理解するには無理がある。プレミアム闘争に続くのは1952年秋の賃上闘争であり、既に第2章と第3章で確認したように、そこでの課題は、「最低生活保障の原則」、「同一労働同一賃金の原則」、「統一の原則」という3つの原則から構成された全自の賃金原則の実現を目指した闘いとして理解されるべきであり、その中では経営側の恣意によって決まる管理賃金を打破することに重きが置かれていたのである。

　したがって、同年のプレミアム闘争が1952年秋の賃上闘争の段階へと連続的に移行した中で、プレミアム賃金問題は賃金原則との関係で理解されるようになり、質的転化を遂げプレミアム廃止要求に至ったと考えられる。この質的転換を明らかにするのが本章の課題の一つであるが、いずれにせよ、従来の研究ではプレミアム闘争と全自の掲げた賃金原則との関連が欠如しているという問題を抱えているのである。

　他方で、プレミアム問題自体は1952年秋以降においては賃金原則の実現をめぐる課題に消化されたものの、しかしその秋の闘争の前哨戦的な役割をはたした事実は銘記しておく必要があろう。すなわち、日産分会にとって1952年までは手っ取り早い増収部分として考えられていたプレミアム制度だったが、その副産物として、それぞれの仕事と賃金の連関についての意識を労働者に覚醒す

ることになった。プレミアムは仕事や労力に応じた賃金要素であるという理解がなされたうえで、そうなっていない現状を批判する声が強まり、1952年夏の下からのプレミアム闘争へと帰結したのである。この意味では仕事に応じた賃金を要求する賃金原則を掲げたその後の賃上闘争を先導する闘いにもなったのである。

こうした事情を理解するために、まずはプレミアム制度の中身や、その制度に含意されていた経営側の意図を取り上げることが必要であろう。それは、プレミアム賃金への関心にもかかわらず、その具体的中身が必ずしも明確になっていたとは言えないからである。以下で触れるように、プレミアム賃金についての資料は限られており、能率刺激給と集団的出来高制という外形にのみ着目する形で議論が進められてきた。したがって、この小論ではプレミアム制度の詳細について新資料に基づいて明らかにするとともに、その含意を改めて考えてみることとする。

新資料とは、工具製作課のクレジットで発表された「プレミアム制に就いて」（以下、「就いて」と略）というチラシである。このチラシは浜賀コレクションの「52年綴り」に収められていたものであり、B4版2枚からなり、1枚目に手書きの説明文、2枚目には2葉のグラフが記載され、1枚目には1952年8月20日付けの篠田名の印が押されている。各職場においてプレミアム闘争が展開され、プレミアム賃金についての様々な不満や批判が出されていたこの時期に、工具製作課の工員向けに制度の正確な理解を促すべく書かれたものである。この文書の冒頭には、「当課のプレミアム制に関しその内容が認識されず種々批判がある」が、批判のためには正しい制度の理解がなされていないと「判断を誤る事にもなるので大要を次に記す次第である」と書かれている。そのため、これまでの研究史上の空隙を埋めるのに適した資料である。

1　プレミアム賃金の概略

会社側の定義（日産，1950，p.22）によれば生産奨励給（プレミアム）とは

「標準を超えた労働能率と全工場の生産高に対して支給する。支給方法は団体制の労働能率と全工場の生産高による奨励率を決定し、これと各人の基本給及び出勤率により支給する」となっている。また『日産自動車三十年史』（以下、『三十年史』と略）によれば、日産における能率給の導入は戦前に遡る。

　1936年に機械工場でハルセー法による個人請負能率給制が導入されたのを端緒に、1940年には全社的に「一元的な団体請負制による能率給」が導入されていた。敗戦後は「単価請負式の能率給」が導入されたが、インフレのため効果を得ることができないできた。そこで1949年より戦前の方式に準じるとともに、全社の生産量加算も加えられた能率給制度が導入されたとのことである（日産, 1965, p.294)。

　1949年の生産奨励給導入以後も修正が何度か加えられてきたが、ここでは制度が一応の安定をみた1950年7月時点におけるプレミアムの算式を確認しておこう。直接員（現業部門の労働者）のプレミアム算定式は算式1の通りであり、間接員（間接部門の労働者）はこの算式の基本率に0.7を掛けた算式となっていた[1]。

算式1

$$\text{プレミアム} = \text{基本給} \times (\text{基本率} \times 6 + \text{付加率} \times 4) \times \text{勤務率}$$

　ここで問題となるのは、基本率、付加率、勤務率のそれぞれがどのように決められていたかである。このうち、先行研究において明確になっているものから確認していこう。まず、付加率である。付加率については基準的な生産台数を超えた部分について一定の割合で賃金を付加する部分であり、1950年9月時点では基準台数ニッサン車500台[2]を超えた20台に付き1％を付加するというものであった。「会社の生産量加算」であり、「全社の従業員一律に適用される率」（上井, 1994, p.29）となっていた[3]。集団的出来高給部分として基準台数によって示される生産計画の達成を促すよう設計されていたのである。

　次に勤務率[4]について確認しておこう。山本（1978, p.181）および山本が依拠した日経連（1953, p.27）では$\frac{\text{実働時間}}{175}$とする算式を示しており、上井（1994,

p.28) も $\frac{実働時間}{月間所定実働時間}$ としたうえで、月間所定実働時間が175時間であったとしている。そして、上井（1994, p.29）はプレミアム賃金のこの部分に残業刺激的性格を見いだしている。すなわち勤務率の分子をなす実働時間の計算において「残業時間の場合、時間外手当の割増率に応じて一時間が一・二五時間として計算され」、「時間外勤務手当を別に支給しているにもかかわらず、残業が割増時間で計算されている」からである[5]。

さて、先行研究において資料的に確定されずにきたのが、基本率の決定算式である。これまでの会社や組合側から公開されてきた資料のなかで唯一ともいえる手掛りは、先の『三十年史』において「$\frac{1}{3}$保障ハルセー法」と記述されていたことだけである（日産, 1965, p.294）。

一般的に、これは「三分の一ハルセー制度」（山本, 1978, p.180、嵯峨, 1981, p.141）を意味しているものと理解されてきた。周知のように、ハルセー法は割増賃金を、能率向上によって節約された時間、すなわち標準時間と実働時間の差を、ある定数で割って時間賃率に乗じた額を基本給に上乗せする方式であるが、その定数を3としたものが3分の1ハルセー法と一般に呼ばれており、山本や嵯峨は基本率をそのような算式であると理解したものと考えられる。

他方、基本率の算式を各種資料における言明や数値から大胆に推測したのが上井で、「ローワン制における割増率の分母の標準時間を実際作業時間にかえた式」（上井, 1994, p.28）ではないかとして、次のような算式を提示した。

算式2
$$基本率 = \frac{標準時間 - 実際作業時間}{実際作業時間}$$

この上井による推論は、これまでの日産のプレミアム制度をめぐる研究の頂点をなしてきた。限られた資料から推理することで出されたこの説に、管見するかぎり、明確な反論は出されていない。

しかし、難点がないわけではない。なぜ『三十年史』では「$\frac{1}{3}$保障」とされていたのか、それについては触れられていない。またこの算式を推定した根拠の一つとして「一九五〇年九月二一日付の基本賃金引上に関する会社の『回答

の中に能率向上を三〇％と仮定した場合の『基本率』を一〇〇分の三〇とする説明があること（『A旗旬報』臨時号、一九五〇年九月二九日）」（上井，1994, p.31）が挙げられているが、実際に『日産旗旬報』同号で書かれているのは「基本率もある程度は向上すると思はれるが、仮に三〇％としても直接部門基本給 $\times 6 \times \frac{30}{100} =$ 基本給 $\times 1.8$」と書かれているだけである。この「三〇％」を上井は能率の向上と読んだようであるが、これは素直に基本率が「三〇％」だったと仮定してと読むべきところではなかろうかという疑問もある。したがって以下では、まず新資料である「就いて」文書に基づいて基本率の算式を明確にしておこう。

2　「就いて」文書における基本率の解説

ここで新資料として提示する「就いて」文書においては「基本率の算式」と題して、次のような算式が提示されている。

算式3
$$\frac{完成標準時間 \left(1 + \frac{間接時間}{直接時間} \times 0.8\right) 1.9 - 実働工数}{実働工数 \times 3} \times \frac{実働時間}{総実働時間} = 支給率$$

そして各用語について、以下のような説明が付されている。

　　完成標準時間＝その月間に完成した作業（オーダー）の見積時間を1.1倍した工数
　　実働工数＝直接工がその月間作業に費した時間（タイムカード面の時間より常備時間を差引いた工数）
　　総実働工数＝直接工がその月間勤務した時間（タイムカード面の工数）[6]
　　間接時間＝命令されて行う工場整備、組長の作業指導、連絡、簡単な機械工具の修理等
　　直接時間＝作業（オーダー）に掛って居る時間
　　常備時間＝組合、生協、診療所、理髪、作業手待等に費した時間

算式3はあまりにも複雑なので、これを読み解くべく、いくつかの仮定を導入してみよう。まず $\frac{実働時間}{総実働時間}$ が1であり、かつ間接時間が0であったと仮定してみよう。つまり、総実働工数（総実働時間）が直接時間だったと仮定してみると、算式3は算式4に単純化することができる。

算式4

$$基本率 = \frac{1.9}{3} \times \frac{完成標準時間}{実働工数} - \frac{1}{3}$$

算式4において完成標準時間と実働工数が等しくなった場合、つまり完成標準時間通りに生産できた場合には、基本率は30％となることがわかる。「就いて」文書の中には「標準時間で仕事を完成して居れば基本率30％を保障しましょう」というその算式の意図するところを解説しており、これが『三十年史』に記述されていた通り「$\frac{1}{3}$ 保障」の意味することであると解することができるのである。なお実働工数が完成標準時間のおよそ倍近くになった場合、つまり能率が52.6％にまで落ちた場合には、基本率は0となる。このことは「就いて」文書に添付されていたグラフにおいても示されている。

次に算式4では0と想定していた $\frac{間接時間}{直接時間}$ の部分について考えてみよう。上の定義で明らかなように、間接時間とは工場の整備、作業指導、機械工具の修理など、実際の工場の運営において実施されなければならない時間である。しかし、間接時間の増大は実働工数を高め、能率を低減させる可能性があり、これによる支給率の低下を招く可能性がある。だからといって予め標準時間に組み込んでおけるわけでもない。このため間接時間として費された時間については一定程度賃金を保障しなければならないという考え方に基づいて、この算式部分が挿入され、間接時間の値が大きい程、基本率の支給率が高くなるよう工夫されているのである。

最後の基本率のポイントとして、算式4では1と仮定していた $\frac{実働時間}{総実働時間}$ を確認しておこう。ここで特徴的なのは実働時間を規定する要因として常備時間という考え方が出ていることである（上述の定義を参照せよ）。支給率を示した算式3において乗ぜられている $\frac{実働時間}{総実働時間}$ は、変形させると $\frac{総実働時間 - 常備時間}{総実働時間}$ と

なり、常備時間が総実働時間にどの程度占めているのかによって変化することになる。たとえ、能率自体（算式4の$\frac{完成標準時間}{実働工数}$の部分）が一定であったとしても、常備時間が長くなるとその分、支給率が減ることになるのである。単に能率を高めることに留まらず、労働時間内における種々の空隙を減らすことを念頭に置いたものであり、先の間接時間の考え方とは対照的な扱いとなっている。会社にとって禁止することは難しいが、しかし望ましくない諸行為を常備時間にカウントし、それによってそうした行為の抑制を狙っていたのである。

このため、専従ではないが「勤務時間内に活動する権利を勝ちとっていた」（上井，1994，p.48）組合の職場長といえども、そのプレミアムの算定においては時間内の組合活動は常備時間とみなされ、支給率が引き下げられていたのである。したがって、職場長については、「ひんぱんと職場を空にするために、生産報償金の率に悪影響をおよぼすことがないような、間接部門の職種に配置がえ」をするように「部課長と交渉」したり、「職場で資金カンパをやって収入減をおぎな」う（益田，1954，p.7）などといった対策を取る必要があったのである。1951年7月以降、日産では時間内の組合活動に対する賃金不支給の原則（所謂「ノーワーク・ノーペイ」）の導入をめぐり、会社と組合で大きな対立をもたらしていたが、既にプレミアム部分では就業時間内での組合活動に対する経営側の規制が組み込まれていたのである。

3　1952年以前のプレミアム賃金をめぐる問題

前節ではプレミアム賃金の基本的な性格を、新資料に基づきながら確認してきた。労働者の就業時間内の行為を微にわたって律し、能率向上を狙った基本率部分は、プレミアムをめぐる労使対立の重大な争点をなしてきたのではないかとも推測されるかもしれない。しかし、この基本率については、制度が安定的に運用されるようになってからは、さほど大きな労使の争点とはなっていないのである。では組合はプレミアム賃金に対してどのような態度を取り、またどのように規制しようとしてきたのであろうか。これを確認しておこう。

1949年のプレミアム賃金の導入以来、組合が問題としてきたことには、算式自体の問題、標準時間の切下げの問題、標準時間基準台数増加への警戒、直接部門と間接部門との間での不公平感などがある[7]。そして導入当初においては、基本率の設定も問題として取り上げられ、そのなかでも完成標準時間がどのように設定されるかが大きな関心をよんだことは事実である。標準時間をめぐる不満が職場から出されていたし、その改訂も労使間で交渉されていた。例えば「標準時間の是正に関しては、率の上つている所をけづつて行くという傾向があり、…、働いているものの感情としては受け付け難いものがある」[8]や、「標準時間でも長期にわたり残業があり、応援等があると無理がある」ので「プレミアム闘争については第一に標準時間を問題にする」[9]といった意見がみられる。

しかし、1950年6月の会社側からのプレミアム制度の改訂（標準時間の改訂をも含む）を提起されて始まった労使交渉において、組合は「結論」を明確にした上で改訂案の実施や改訂にかかわる問題については「事務折衝に移」し、「三ヶ月毎に協議して行く」ことになった[10]。こうなると、標準時間の改訂や付加率にかかわる査定台数の設定などは細かな技術的問題として事務折衝レベルで行われることになり、このため大衆化した闘争課題とならなくなったのである。

その後の日産分会がプレミアム制に対して取った基本的な態度は、次の引用文によく示されている。

> 労働組合がもつと労働者の立場に立つて下手な能率屋のような考え方を少しでも清算すること、賃上の日常闘争の拠り所であるという事をよく認識して労働組合の側でうまく利用する事そのため始めから制度の問題を振りかざして職場間の対立を避け一歩でも収入増をはかる方向の闘いを進めること、…中略…例えば附加率の計算式を修正する所から始める方法もありうる。（換算率に4を乗ずる所を6を乗ずるという方法はどうか）[11]

これは、賃上げを「ベースの引上げとプレミアム闘争の両方」から構成するという方針の下、プレミアム闘争についてはあらゆる部門の労働者が「統一戦

線」を組めるような闘い方をしなければならないという方向性を出し、増収をはかる手段としてプレミアム賃金を扱うということである[12]。もちろん、「プレミアム自体が生活の支えとして大きな要素となつている」[13] という観点から、「プレミアムの不安定性に基く賃金制度の検討」[14] や「賃金の固定化(プレミアムはこれ以上増やす方向は取らない)」[15] といった方針も出ており、能率刺激給制度の本質への警戒が解かれたわけではない。しかし、総じて朝鮮特需によって生産が上向いている間は、プレミアム制度自体が一定の増収をもたらすもの[16]であったし[17]、また更なる賃上げの手段としてプレミアムの算式の改訂が考えられていたのである。

その算式改訂にあたって、最も組合からする好都合な要素として着目されたのが付加率部分である。というのも付加率は「全工場の生産高」にリンクした集団的出来高制部分であり、直接・間接、工場間、部門間を問わず同じ率が適用される。このために各部門の能率によって変わってくる基本率とは異なり、平等な配分を可能にする部分としての認識ができていた。したがって、日産分会の方針としては、分会員への平等的増収を約することのできる付加率部分に掛ける係数の嵩上げによってプレミアム増額を目指したのである。

しかし、経済状況の推移は組合側の目論見通りに事が進展することを許さなかった。朝鮮特需の熱も1951年の後半期には冷め始め、「減産計画」によるプレミアム部分での減収の恐れが出てきたからである。ブーム時にはプレミアムは残業手当と並んで収入増の源泉をなしてきたが、景気の減退によってこれらの賃金部分はすぐさま減少に転じることになる。1951年秋以降、生産減による減収の問題にどう対処するかが盛んに論議されるようになっていた。

また、制度に対して根本的な不満を抱く労働者層が析出されてきた。それは間接部門の労働者である。間接部門の労働者は、直接自分たちの能率や成果とは関係なく、直接部門の能率にリンクして決められていた。しかも上述したように、直接部門よりも低い基本率(1950年時点で直接部門の7割)が適用されていた。このため間接部門の低いプレミアムの是正は絶えず問題となってきた。直接部門の基本率の7割からの引き上げが要求され、1951年には8割へと改善された。しかし、それでも直接部門の生産性にリンクしていた点についての不

満が解消されることはなかった。1952年の夏の一時金闘争において特別一時金要求が持ち上がり、それが直接部門の労働者を刺激し、プレミアム闘争を噴出させることになったのは、まさにこの文脈においてである。

4　1952年のプレミアム闘争と秋の賃上闘争

　1952年のプレミアム闘争は夏の一時金闘争に際して、間接部門の労働者が特別一時金要求を独自に提起したことに端を発する。表面的にはプレミアム賃金が間接部門に不利な算式となっているので、特別一時金という形でそれを補填せよという要求であった。この要求は、後述するようにプレミアム賃金を問題としたそのロジック故に、その年夏のプレミアム闘争の触媒の役割を果すことになった。つまり、この特別一時金の要求の論理に則り、直接部門における係数見直しやプレミアム部分の賃上げ等の要求が出されるようになり、プレミアム闘争が開始されることになったのである。7月から8月にかけて各支部や職場でプレミアムに対する不満が噴出し、下からプレミアムをめぐる職場闘争が盛り上がっていったのである。

　9月には、この動きをうけ分会執行部が会社側との中央交渉に入り、プレミアム賃金の制度改正を会社に迫った。団交の回数は「十数回」[18]に及んだが妥結には至らず、秋の賃上闘争の中で扱われることになった。秋の賃上闘争において、分会はプレミアム部分での2千円増額を要求したが、これを勝ち取ることはできなかった。最終的には、生産車種の変更に伴なう減産については3台分を保証すること、および「制度の改訂については双方で検討する」[19]ということで妥結した。以下では、この経緯の中で特筆しておくべき事について詳述し、プレミアム闘争が秋の賃上闘争に対して有していた意義を明らかにしよう。

　1952年の夏の一時金闘争における間接部門の特別一時金の要求は、6月24日に開催された代議員大会において緊急動議として提起された。これは間接部門の労働者のプレミアムの率が、直接部門の生産能率にリンクし、しかも低く抑えられていることの代償として要求されたものであった。具体的には一時金の

要求に加えて、間接部門、準間接部門の労働者には基本給の2.8倍、準直接部門[20]の労働者には同1.4倍の特別一時金を支給せよというものであった。

　しかし、この要求内容よりも重要なのは、特別一時金要求にあたって用いられたロジックである。それは「現在のプレミアム制度が、直接部門の何割という制度は矛盾であり労働の価値を正しく評価していない」[21]という問題意識を表出させ、「『労働の価値に応じた制度の確立と賃金支払い』を要求するものであり『秋の最低賃金制』の闘いの口火を切るもの」[22]としていた点である。

　代議員会の議論の中では、間接部門と準直接部門のみを対象として一時金の増額部分を要求することに、直接部門の代議員から疑義が出されたようだが、最終的には承認された。「間接部門の動議に関する討論は、現在の賃金制度の矛盾、理論の誤謬をついて、秋の最低賃金制度への芽を開いたものとして高く評価できることに現場部門の職場が、恐らく感じの上では受け入れ難いに違いないものであるのに、よくこの動議を賃金制度の矛盾への闘いとして理解の上にたつて討論するさまは、二日間の大会の圧巻であった」[23]という代議員の感想が出されている。

　この時の特別一時金の要求は結局、今後のプレミアム制度の改革と、特別一時金として間接に基本給の1倍、準間接に基本給の0.5倍が支払われるという結果で決着した[24]。こうした成果をも含めて間接部門の特別一時金要求は、直接部門の労働者たちの仕事とプレミアム賃金との関連についての問題意識に火を付けることになった。プレミアム制度は表向きには仕事の能率や成果に対する賃金であるはずだが、しかし現行の制度においては、「労働の価値」に応じていない「矛盾」した「不合理」な制度に陥っているのではないかという疑念を、直接部門の労働者にも抱かせることになったからである。したがって、直接部門の労働者は、特別一時金の獲得に対して「特別一時金の成果を無にするな」として次のように反応したのである。

　　　特別一時金の要求は全額はとれなかつたが、それが懸案の制度改訂の口火となつたことで大きな成果であつた。間接部門が労働価値の正当な評価を理由に制度改訂を要求したのは正しいが要求する立場として自分達の仕事遂行の態度や責任感、能力

などを深刻に自己批判しないと足許をすくわれることになるだろう。給与改訂は同時に各種の仕事に対する機会均等を伴うものでなければならぬ。そうでなければ反動的な職階制として利用される心配がある[25]」。

　プレミアム問題を間接部門の問題に留めておくのではなく、それぞれの労働者にとってプレミアム賃金が抱えている矛盾を析出し、そこから経営側を攻めていく必要があるという認識である。こうした問題提起を突破口に、プレミアム賃金が全部門の労働者にかかわる闘争課題として認識されることになった。果たして経営側の言い分通り、自分たちの仕事の質量に適った賃金になっているのかどうか。先に間接部門がプレミアムを問題としたロジックに則り、直接部門においてもプレミアムと仕事との関係を再検討する必要があるという認識が、下から出てきたのである。
　横浜工場の製造部門では「プレミアムは技能給ではない。基本給比例で支払われるからだ」という意見が出され、また吉原工場でも「正しい労働の評価がこのプレミアム制度によっては認められず、油とアセの真の努力による張合気力がなくなつた」[26]としてプレミアム闘争へと突入した[27]。1952年初秋のプレミアム闘争はこのように下から盛り上がってきたことに特徴があるが、それは自分たちの仕事の実感とプレミアムの支給額との乖離に基づいた不満に根をもち、そこから「労働の価値」や「労働の評価」に基づいた賃金要素という観点を労働者が強く意識するようになったからである。こうした意識は、何よりもプレミアムの基本率部分に向けられることになる。
　「時間を計る人、作業をする人により時間が違つている事これを政治的に課長、現場、作業課との間で決定され」、「時間切下げ」が「作業条件が変つた以上に時間が切下げられる」[28]や、「努力をして率を上げるとその実績を理由にタイムの切下げをやられ、常に激しい過去の闘争の歴史からみていやになつた」[29]といった、標準時間の設定法や改訂にかかわる問題に視点が向けられている。
　また間接時間の認定に関しても、「工程の長いラインで前工程で機械故障があつて生産数が半減しても後工程の直接時間は間接時間にはならない」[30]という不満が出されている。これは会社側に責のある非作業時間は間接時間にカウン

トすべきだという要求であると理解することができよう。

したがって「定時間内で能率をあげているに拘わらず手取りは上がらず、逆に労働強化の面が出て来」[31]たことによる不満がプレミアム賃金の基本率部分に対する不満として表出されてきたのである。1952年のプレミアム闘争は、それまでのプレミアム増額要求、すなわち付加率部分に焦点を当てた要求と性格を異にしていたのである。仕事に応じた賃金要素であるべきというスタンスの明確化から、プレミアム賃金のコアをなす基本率部分への批判が噴出してきたとも言える。

分会執行部も、職場から起ったプレミアム闘争の本質を「管理賃金としてのプレミアムに対し労働の質と量から反発」であったと総括し、賃金原則の実現をめぐる闘いのなかにプレミアム闘争を位置づけ、「直接部門の基本率については、終戦後制定当時とは生産の諸条件が異るから」「全面的な改革」[32]を要求することになる。これが職場から沸き上がってきたプレミアム闘争の極点をなす。仕事の質と量に応じたプレミアム賃金を要求するという方向性において、労働の強度を規定する標準時間や間接時間に関わる基本率の部分での規制や要求に結果したのである。

プレミアム賃金は表向き労働の成果や能率に応じて配分される賃金部分であったため、「仕事の質と量」とその賃金が適正な関係になっているのかどうかを問うのには好都合であった。この中で日産分会の問題意識も転轍された。これまではプレミアム問題を取り上げる際には、全員平等の観点から主として付加率部分を取り上げ、そこでの賃上げを経営側に迫っていたのに対して、「仕事の質と量」という観点からのアプローチへの転換に伴い、基本率がプレミアム闘争の重要な争点となったのである。

他方で、プレミアム理解についての更なる転轍があった。それは、そもそも賃金とは労働の質と量に対応すべきだとする全自の賃金原則の観点からの捉え直しである。賃金原則の立場に立てば、プレミアム部分のみが労働の質と量に対応すべき部分ではなく、賃金全体がそうあらねばならない。このような理解から、プレミアム部分をも含めて、総合的に賃金を労働の質と量に応じた形へと変えていかなければならないという見解が出てきた。

こうした賃金論における思想的跳躍こそがまさに「プレミアム増額要求からその廃止へ、というコペルニクス的な転換」(上井, 1994, p.54) の背景にあったと考えるべきであろう。それまで分会は基本的賃金部分と、プレミアムは別という理解に立ってきた。つまり、「ベースの引き上げとプレミアム闘争」という二本建ての賃上げ要求で進める立場をとっていた。しかし、それが1952年秋以降においては、「プレミアム存廃の根本問題に発展する可能性」をも見据え、「最悪の場合プレミアムを拒否して闘う決意」[33]の下で、「プレミアム制度の存続について賃金一般の問題として総合的見地により交渉する」[34]という態度に変わっているのである。

この展開を賃金原則との関係から振り返っておこう。1952年夏のプレミアム闘争は、それを報じた『日産旗旬報』の関連記事を見るかぎり、その年の秋に予定されていた賃金原則に基づく賃上闘争を念頭においた闘いであったことが示唆されている。上で引用したように「秋の最低賃金制への闘い」の端緒をなすといった言いまわしが出てくるからである。既に1952年初頭には賃金原則に基づいた本格的な賃上闘争を秋までに組織する方針が示されていたので[35]、現場にもその旨が伝わっていたとみてよく、この方針がプレミアム問題を介することで現場の労働者たちに実感をもって受け入れられることになったのである。

ただし1952年初頭に出されていた賃金原則のプロトタイプは限界を有していた。つまり広義の電産型賃金の枠組みを前提とし、賃金は生活最低保障給と、付加的な能力給部分から構成された賃金を念頭に置いていたからだ（第2章を参照のこと）。したがって同一労働同一賃金の原則が適用されるのも後者に限定されていた。こうした賃金論は日産の労働者たちのプレミアム闘争を正当化することになる。プレミアム賃金は仕事に応じた賃金部分であるとして理解し、この部分の是正を試みた闘いだからである。したがって、下からはプレミアム賃金が仕事の質と量に応えるべき賃金要素だという観点からプレミアム闘争が始まった。

しかし、これが1952年夏に発表された全自の賃金原則と接触することで、プレミアム理解が第二の転換を迎えるのである。そもそも賃金とは仕事の質と量に応じたものでなければならないという理解のもとに、プレミアム制度の廃止

を含めて「総合的見地」から見直すという立場へ変わったのである。その結果、プレミアム制度は「歴史の中で一応の任務を果した」が、「公平公正の見地からも収拾困難な問題に当面し、制度としての存立の意義を失っ」たとして、その固定・廃止を要求するとした1953年5月の日産分会の賃上要求[36]に結実するのである。

5　小括

本章では、1950年代前半の日産のプレミアム賃金を取り上げ、これまで明らかになっていなかった基本率を決定する算式の発見を踏まえ、この制度をめぐる労使間の対立を検討してきた。少なくとも制度が安定してから1952年の夏に至るまでは、標準時間、間接時間、常傭時間といった基本率にかかわる重要な要素が労使間での重要な争点とはなってこなかった。したがって日産分会は、プレミアム賃金に伏在していた経営側の意図と直接的に対峙していたわけではない。

プレミアム賃金に対して日産分会の当初取った態度は、まずはプレミアムが基本給に対する付加的、追加的賃金部分であるとして理解し、組合としても当初は手っ取り早い賃上げの手段、すなわち「賃上の日常闘争の拠り所」という受けとめ方だったということに特徴がある。したがって、プレミアムの改訂においても各率に加算される係数をどの程度引き上げるのか、とりわけ全社的に平等に配分される付加率の部分の嵩上げに高い比重を置くことを目指した闘いを組んでいたのである。

これに水を掛けたのが、1952年の間接部門の労働者による特別一時金の要求であった。この要求は「労働の価値」によって決められるべきプレミアム賃金が、間接部門の労働者にとってはまったく無縁となっているというロジックを拠り所に要求された。このプレミアム理解の転換は直接労働者へも飛び火し、果たして現状のプレミアム賃金は正当に自分たちの「労働の価値」を正しく反映したものであるのかという問題意識を醸成することになったのである。現場

では能率向上の実感とその賃金額への反映との乖離に対する不満が存在しており、「労働の価値」をめぐる問題意識はこの不満に接続されたのである。プレミアム賃金の問題は、それが労働の質と量に応じた賃金要素になっていないことにあるとする立場から、経営側に制度変更の要求をつきつけ、下からのプレミアム闘争が開始された。その極点が10月の賃上要求で掲げられた「基本率」部分の見直し要求である。

　他方で、こうした現場からの問題意識に、全自の方針としての賃金原則、およびこれを主柱とした秋の賃上闘争の方針が接合された。この接合によってプレミアム賃金の理解は第二の転換をむかえる。「労働の質と量」に応じた賃金部分としてのプレミアム賃金という理解から、そもそも賃金は「労働の質と量」に対応しなければならないという理解への転換である。プレミアムをも含めた賃金全体が、労働の質と量に対応すべきだという観点へと転換し、その結果翌年の賃上要求においては歴史的使命を終えたプレミアム賃金の廃止が要求されることになったのである。

　したがって1952年のプレミアム闘争は、同年秋以降の賃金原則に基づいた全自の賃上闘争への前哨戦的性格をもっていたといえる。それは、賃金体系の一要素たるプレミアム部分が、果たして自分たちの労働の支出を正しく反映したものであるのかという意識を研ぎ澄ませることになり、限界はありながらも仕事と賃金との関係を反省させる契機を有していたからである。だが、これがそもそも賃金とは仕事にベースを置くべきだとする全自の賃金原則と接合されることにより、プレミアム部分も基本給の設定や査定規制などと統一的に取り扱われるべきだという理解に転換された。この結果、プレミアムをめぐる争点も、そもそも賃金とは「労働の質と量」に対応すべきだとした賃金原則を掲げた闘いへと解消されることになったのである。

注
1) 日産自動車労働組合『日産旗旬報』第114・115合併号1950年7月11日。
2) 当時、日産ではニッサン車とダットサン車の2種の車が生産されており、基準台数に用いられた車種はニッサン車である。ダットサン車1台はニッサン車の$\frac{2}{3}$台と換算された。

3) なお、嵯峨はプレミアム制度の導入期1949年における基準台数の算定式をめぐる労使の対立を考察し、組合側に「標準時間の設定そのもの」への批判がないことに着目し、組合の側に「あいまいさ」が残っており、「生活給か能率給か」の選択が明確になされていないとし、「能力主義の理念そのもの」に対抗する姿勢が明確ではなかったとしている（嵯峨, 1981, p.142）。
4) 日産（1951, p.22）では「出勤率」と記されている。
5) ただし、上井は勤務率の問題を後述する基本率と混交させて論じ、その「残業刺激的性格」を導き出している。これは正確とは言い難い。基本率自体はあくまで能率によって決まるゆえに、残業の増加は標準時間との関係で基本率の悪化を招くことにもなるからだ。この傍証を一つ挙げておこう。1949年のプレミアム導入時に暫定的な査定台数（基準台数）の算定式の改訂案が組合に示されるが、これに対して「作業時間が延長されて生産が上つたのでは付加率は全然増さないことになり、付加率は労働能率を示すことになり、基本率と同じ性質のもの」（日産労働組合『日産旗旬報』第72号1949年3月21日）となるという観点から反対している。ここから基本率部分は作業時間の延長による生産増が率の上昇をもたらすものではないことが読み取れよう。
6) この総実働工数は算式内の「総実働時間」だと考えられる。
7) 日産労働組合・日産分会『日産旗旬報』第72号1949年3月21日、同第114・115合併号1950年7月11日、同第118号1950年10月1日、同第125・126合併号1951年3月11日等。
8) 日産労働組合『日産旗旬報』第72号1949年3月21日。
9) 日産労働組合「賃金闘争方針（案）」『日産旗旬報』第118号1950年10月1日。
10) 日産労働組合『日産旗旬報』第114・115合併号1950年7月11日
11) 日産労働組合『日産旗旬報』第118号1950年10月1日。
12) 日産労働組合『日産旗旬報』第118号1950年10月1日。
13) 日産労働組合『日産旗旬報』第72号1949年3月21日。
14) 日産分会『日産旗旬報』第125・126合併号1951年3月11日。
15) 日産分会『日産旗旬報』臨時号1951年5月29日。
16) 増産によるプレミアム支給率の上昇は付加率部分によって担われた。付加率部分とは、会社側が言うように「一種の賞与」的性格を有し、「特需による賃上げは実質的にこの制度で自動的に行はれている」（会社「回答文」1950年9月25日日産労働組合『日産旗旬報』臨時号1950年9月29日掲載）と見ることもできる。
17) 日産分会『日産旗旬報』第125・126号（1951年3月11日）に掲載された「プレミアム」と題された炭坑節の替え歌は、この時期の労働者のプレミアムに対する思いを端的に表現しているものと考えてよいであろう。

　　　率が出た出た率が出たヨイヨイ

待ちに待ちたる率が出た
　　　あんまりプレミアムが高いので
　　　さぞや会社もうれしかろ
　　　サノよいよい

18) 日産分会「賃上並に之に関連する諸要求（案）」1952年10月。
19) 「賃金並びに之に関する諸要求に関する妥結協定書」1952年12月2日。
20) 1951年末には、準直接部門の労働者は、直接部門の基本率の0.9倍となっていた。なお1952年の「就いて」文書においては、準直接部門は「係長、工具室、運搬、現場進行、検査」、間接員は「事務所関係」、準間接員として「課長」が挙げられている。
21) 日産分会『日産旗旬報』第167号1952年7月1日。
22) 日産分会『日産旗旬報』第166号1952年6月21日。
23) 日産分会『日産旗旬報』第166号1952年6月21日。
24) 日産分会『日産旗旬報』第167号1952年7月15日。
25) 「声・特別一時金の成果を無にするな」日産分会『日産旗旬報』第168号1952年7月21日。
26) 日産分会『日産旗旬報』1952年8月11日。
27) 既に先行研究で明らかになっているようにプレミアム闘争で最も激しく動いたのは吉原工場であった。
28) 横浜製造部「不合理なプレミアム制度」日産分会『日産旗旬報』第171号1952年8月11日。
29) 吉原支部「全体の問題となつたプレミアム問題」日産分会『日産旗旬報』第171号1952年8月11日。
30) 日産分会『日産旗旬報』第171号1952年8月11日。
31) 全自日産分会「賃上並びに之に関連する諸要求（案）」1952年10月。
32) 全自日産分会「賃上並びに之に関連する諸要求（案）」1952年10月。
33) 全自日産分会「第14回定期大会議案」1952年10月。
34) （日産分会）教宣部「情報第7号」1952年11月15日。
35) 全自『全自動車』131号1952年2月25日。
36) 全自日産分会「要求書」1953年5月23日。

第6章

全自の賃金原則と日産労組の賃金四原則

　本章では全自の賃金原則と、第二組合である日産労組が1955年に発表した「賃金四原則」を比較する。敵対的な関係にあった両者[1]が唱えたこの二つの賃金原則は、共に労働組合の側から賃金の決定原理を仕事に置くことを主張した点で興味深い。だが、その後の時代においての取り扱われ方は対照的である。前者は、既に紹介してきたように、先進的な性格をもった賃金論であるとして、その後の多くの研究者によって論及・評価され、また近年においても「同一価値労働同一賃金」論との関連で再評価されている（第1章を参照せよ）。しかし、後者はほとんど顧みられてこなかった。管見するかぎり、日産労連のウェブ・サイト上の年表での言及と、加藤（1967, p.816）の評価抜きの全文引用に留まっている。

　この忘れさられた日産労組の賃金四原則に着目し、全自の賃金原則との比較を試みるのは、一見全自の賃金原則と類似する点が種々存在するものの、しかし明らかに異なる要素が多々含まれているからである。その特異性に着目することによって、その後主流となっていく企業別組合の考え方や発想を浮き彫りにするとともに、どのような思考がこの時代に失われたのかを知ることができよう。両者を対比することでその後の企業社会的秩序が形成した発想をつまびらかにし、実現することのなかった全自の構想していたオルタナティブと対比してみたい。

1　日産労組の賃金四原則

既に全自の賃金原則については第1章に掲載しておいたので、ここでは日産労組の賃金四原則を示しておこう。前者は本文のみで構成されていたが、日産労組の賃金四原則は短い本文と長文の解説（補足説明）部分からなっている。ここでは紙幅の関係上、賃金四原則の本文についてのみ提示しておく。

　　日産労組の賃金四原則（1955年11月22日：本文のみの抄録）
　　第一原則＝最低賃金
　　労働者は健康で生活できる最低賃金を保障されなければならない。
　　第二原則＝同一労働同一賃金
　　労働者の賃金は同一の労働に対して、同一の賃金が支払われるべきである。
　　第三原則＝賃金の差は職務の質と量のバランスの上に成立する
　　労働者の賃金は社会的、客観的に見て、其の職務の労働が生み出す価値を尺度として質と量が計られ、職務の質と量に応じて支払われるべきである。
　　第四原則
　　賃金は企業の枠を越え得ないが、同業他社よりもたえず優越する基盤を作るべきである。

　一瞥して、日産労組の賃金四原則は全自の賃金原則を意識して作成されていることが理解できよう。全自の第一原則に日産労組の第一原則が対応し、全自の第二原則には日産労組の第二、第三原則が、全自の第三原則には日産労組の第四が対応している。
　本文だけの比較において極立っているのが、全自の第三原則と日産労組の第四原則とである。全自のそれが「自動車産業共通」の原則として、「企業のワク」を超えた賃金、すなわち企業横断的な産業別賃金を志向していたのに対して、日産労組では「企業の枠」を確認したうえで、「同業他社よりもたえず優越」する賃金を目指すとしているからである。以下ではまずこの点についての

考察を深め、そして次に一見類似している同一労働同一賃金論の異同について確認していこう。

2　賃金と企業の枠

　最初に全自の賃金原則の第三原則の意義を確認しておく必要がある。この箇所では二つのことが言われている。一つは、「最低生活保障の原則」と「同一労働同一賃金」の法則が「賃金一本の中に貫かるべきもの」ということである。全自の目指した賃金は賃金が複数の項目から体系をなしている「並存型」の賃金ではない。これについては既に第2章で示したように、全自は1952年の年初には電産型賃金の延長線上に最低保障給部分と能力給部分からなる並存型の賃金体系を構想していたが、最終的には単一型の賃金、それも仕事の「質量」に応じて格差付けされた賃金を目指し、その額的裏付けを最低生活保障原則で行う原則へと転換したということである。電産型賃金からの離脱が目論まれたのである。

　もう一つは、企業横断的な賃率の形成を目指すということである。自動車産業は、トヨタ、日産、いすゞといった巨大な最終組立メーカーを頂点に、中小の部品メーカーや販売店から構成されており、その産業としての標準的な賃率の形成を目指していたのである。これは難しい課題であったが、当時の全自は産業別組合としての実体をなすべく、一歩踏み出そうとしていた。

　そもそも全自は、日産労働組合、トヨタ自動車コロモ労働組合、ヂーゼル自動車労働組合などが結集し、1948年3月に結成された。確かに当初、全自が企業別組合の寄せ集め的な性格が強かったことは否めない。しかし、その後、全自は単一の産業別組合として実体の伴う組合となることを志向する。それは1950年の日産労働組合の全自日産分会への名称変更にも見てとれる[2]。この名称変更に際しては、組合規約改正案も同時に提起され、「統一的な争議手段に訴へるとき及び之を変更し、又中止するとき」には組合（日産労働組合）の最高議決機関である総会にかけなければならないとしていた旧規約を、「全自動車本

部又は支部から指令された場合は総会にかけないことがある」と変更したのである。全自本部の指導性を強化する規約改正であり、単なる名称の変更に留まらず産業別組合の実質化を志向した動きを示している。企業横断的な産業別賃金の形成を目指した先の第三原則も、またこの流れの中で見る必要があろう。

ではこの第三原則の具体化はどのように闘われたのであろうか。それは実質化を伴うものであったのだろうか。

賃金原則を掲げて争われた1952年の秋の賃上闘争においては、中小部品メーカーと大手最終組立メーカーとが緊密に連携することで、その賃金格差の是正が試みられた。中小企業に対する特別な対策として18歳最低賃金8000円の方針が全分会の統一要求として設定され[3]、同年10月16日には「三社共闘が完全な統一の下に闘争を組むことは当然であるが、それ以外に三社の下請関連企業との完全な共闘を組むことを確認した」[4]とし、日産、トヨタ、いすゞの大手三社の分会が、それぞれの下請企業を組織し、共闘することになったのである。そして、以後各グループごとに共闘会議を組織し、情報交換や職場交流が実施された。

日産におけるグループ会議は実質1ヶ月半の闘争期間中で6回におよび、「親企業下請企業との関係又は関連企業として闘争を進めたために今迄の様な下請中小企業としての『ナヤミ』が解消され闘ひ好く闘争は有利に進展した」、「全自動車の統一労働協約の闘ひが今時闘争に十分生され実力行使の決意はそのため強化された」、「職場交流は大きな成果を挙げている」などがグループ「闘争の成果」としてあげられている[5]。

特記すべきこととしては、日産分会が会社（日産自動車）に出した要求がある。同年10月25日の日産分会の賃上要求には、第九番目の要求項目として「下請中小企業の窮状は極度に達している。組合は別に調査連絡により具体的要求案を出すが本年に入つて実施し、又は実施しようとしている単価切下は全面中止を申入れる。尚之と同時に販売につき各社のダンピングに均しい競争の中止を申入れる」を掲げていた。「企業のワク」を超える要求を、会社に突き付けたのである。

この要求に対し会社側は当初、「要求第九については、組合としては云い過ぎ

ではないか。再考を申入れる。」[6]と回答したが、第2回団交で分会は「下請、販売店について組合が具体的要求を持ち込んだらとりあげよ」と迫り、会社側に「下請単価切下げについては具体的な問題が提示されれば検討する」と「確約」させているのである[7]。そして最終的な「賃上並びに之に関連する諸要求に関する妥結協定書」において「下請、販売店の問題については具体的な事実で協議する」ことが記されている。下請の単価や販売店間の競争にまで踏み込んで会社側を規制しようとし、下請や販売店の問題を協議事項とすることになったのである。

　これらが大きな成果を導いたと考えることは難しい。グループ共闘が「幹部の共闘に終つた嫌がある」とした反省もなされている[8]。しかし、全自が志向していた方向性やその手段は銘記しておいてよい。すなわち大企業と中小企業の賃金格差の是正を目指し、企業横断的な産業別賃金の形成を唱え、それを実現するための下請企業との共闘および、親企業に対する下請単価規制、販売店競争規制に踏み込んでいったことである。

　これに対して日産労組の1955年の賃金四原則には、産業の枠組みにおいて共通の賃率を目指すという発想はみじんもない。第四原則において「企業の枠を越えないが」とあるのは、会社側からする賃金の支払い能力論を承認することを意味している。賃率は、外的に個々の企業に強制させられるものではなく、それぞれの企業の支払い能力によって決まるとする考えに立ったうえで、同業他社よりも高い賃金を目指すという発想に立っている。

　勿論、日産労組は他企業の労働組合との連携を模索していないわけではない。同組合のリーダー的存在であった宮家愈は「労働者の階級性と団結の限界は、企業を超えたもの」（宮家，1959, p.83）と表明している。実際、日産労組は1955年には日本自動車産業労働組合連合会（自動車労連）を結成し、自動車産業の労働組合の全国結集に着手していたのである。ではそれはいかなる意味の産業別組合であったのか。

　この点に関して企業別組合である日産労組の綱領のある一節と、自動車労連の綱領における対応部分とを比較してみることによって、その性格が明らかになろう。

日産労組の綱領には次のような一節がある。

> 我等は労働者の生活安定が経済安定の基礎条件であり亦社会進歩の礎石であることを自覚し、生産力増大を基調とする生活確保、企業発展のために建設的要求を闘いとると共に、労働者の一方的犠牲に基く資本の保全、企業維持に対しては一切の力を集中して断乎として闘うものである。

これに対して、自動車労連の綱領の対応部分は次のようになっている。

> 我等は労働者の生活向上が日本経済の安定と発展の基礎であることを確認する。従って合理性に基く生産性の向上と生産力の向上に建設的な努力を払うことが自動車産業の発展と国民全体の向上を齎すものであり、労働者の雇用と労働条件の維持向上もまたここに存在することを認識するものである。
> 　併し資本家並びに経営者が我等組合員の建設的主張及び合理性を否定し、全く労働者の一方的犠牲に於いて資本を保全し、企業を維持せんとするならば、あらゆる力を集中して断乎闘うものである。

みごとなまでに相似した表現をとっている。企業別組合である日産労組の基本綱領は「企業発展のために建設的要求を闘いとる」とされており、企業の発展を通して高い労働条件を獲得するという姿勢であるのに対して、企業別組合の産業別連合体である自動車労連では「産業の発展」を「齎す」ような「建設的努力」をするということである。個々の労働組合は、それぞれ企業の生存・発展をかけた企業間競争に協力し、他方で自動車労連では「日本人である労働者と、自動車産業人としての立場」（自動車労連綱領）に立ったうえで、産業の発展に資するように「努力」するとしている。もはや業界団体的性格として産業別組合が考えられているといってもよいであろう。

　さて、支払い能力論の枠組みを受け入れたならば、企業間での賃金が企業規模や生産性などによって異なるのは当然ということになる。全自が目指したような企業規模による賃金格差が是正の対象ではなくなるのである。ただしかし、

自動車労連としても中小関連企業の賃金に是正の必要性がないと主張しているのではない。あくまで「同じ自動車を通じて結びあう労働者は適正な利潤を分けあい、高い生産性による高い賃金が保証されなければならない」(宮家, 1959, p.41)としているのである。

ではこれに、自動車労連はどのように対処しようと考えたのか。各企業の労働組合は他の企業を「優越」する賃金を目指して、企業の業績向上に協力する。しかし、それだけでは駄目である。

> 自動車産業の労働者の高賃金という所以は、生産そのものより、独占と企業体にあろう。若し、自らの権利を放棄して、中小企業なみの賃金をもらうことによって、独占資本の企業に所属する利益をも放棄する気持になるならば別であるが、三社の組合の指導者は、この点にも、相当深い検討を要するであろう。
>
> 　輸出に特需にあるいは内需に、物すごいダンピングと出血競争を行いつつある業界は、双方の利益を守る協定を行い得ないのであろうか。
>
> 　ある一社が他社を出し抜くと、すぐ全体の足並みが乱れて混戦になる。この業界の経営者の反省を考える必要があるのではなかろうか。(宮家, 1959, p.83)

つまり、自動車最終組立メーカーが市場において独占的な立場にあることが、そこで働く労働者の高賃金の源泉なので、この独占的な立場を守り、過当競争の弊を避けるためにも「企業セクト克服」をしなければならないとしているのである。

他方で、下請企業や販売店については、各企業グループの組合を集めて「圏体制」を確立しなければならないともしている。それは各大手自動車メーカーをコアとする中小下請企業や販売店の系列化であり、この圏体制を通じて規模や生産性などの関連企業の近代化を進めていくなかで、その解消を進めようというのである。

自動車労連の示した産業別組合の方針とは、大手最終組立メーカーの労組の連携により、独占的立場を維持・強化したうえで、中小企業の近代化＝生産性の向上を目指すということなのである。しかもそれは、中小企業労働者の賃金

や労働条件の向上という目的もさることながら、親企業たる最終組立メーカーの生産性向上、競争力強化にとっても重要な意味を有した要請ということでもあるのだ。

> メーカーは心臓だけになり、動脈が今後の下請企業となる。かかる関係になると特に現状の設備、労務管理では親企業との関係が維持できなくなる。早急に企業の近代化を進めねばならない所以である。(宮家, 1959, p.86)

この文章に端的に表われているように、自動車労連の目指した中小企業労働者の賃金や労働条件の向上とは、親企業の枠にはめ込まれ、付随的な問題となっている。「圏体制」の確立とはグループ企業として生き残れる体制を作ることであり、そのための下請企業の近代化＝生産性の向上であった。この意味で、1950年代前半に模索された企業横断的な産業別賃金、そしてそれを実現するための下請単価規制や販売店の競争規制等という全自の提出した方針はみごとに途絶し、著しい対照をなしているのである。

3 同一労働同一賃金論と査定規制

労働の質と量に応じた賃金、この点では全自も日産労組とも「同一労働同一賃金」という原則を主張している。この原則が両組合ではいかように理解され、実現されようとしていたのか。全自の場合については多くを前章までで論じてきたので、比較の観点から触れるだけにして、ここでは日産労組の原則を主として確認しておこう。

日産労組の「同一労働同一賃金」、「異種労働異種賃金」についての主張は「賃金四原則」の本文だけから解釈することはできない。付随した解説部分に言及する必要があるし、またそれを敷衍した宮家 (1959) における解説をも見ておく必要があろう。これらの解説文をも併せて読むと、「同一労働同一賃金」を謳いながらも、実際にはそう単純ではないことが明らかになる。賃金四原則は

「一つの鏡であつて、凡ゆる賃金問題は、この鏡に照らすと直ぐ解答が出てきます」(宮家, 1959, p.206) との大言壮語にもかかわらず、多々矛盾した言説が混じり、その本当の姿ははなはだ定かとはならないのである。

そもそも日産労組の四原則では、「同一労働」の「同一性」は、「形の上での同一職務についていう」のではなく、「同一価値を生み出す労働」のことを意味するとしている。その上で「人間に金が払われるのではなく、その椅子なり職場、職務といったものに賃金が支払われる」とし、マン・レートではなくジョブ・レートへの転換の必要性を訴え、理論的には米国型の職務給制度が望ましいとしている。

しかし、同一労働を同一価値を生み出す労働とするならば、同じ労働に従事していても労働の強度が変わると、その産出する価値も変わってくることになる。何を基準に同一価値と見做すのかが問題となろう。宮家はこのことを認識している。「同一職務でも熱心なのと不熱心なのと両方ある。ここに一つの矛盾があるが、同一仕事であつて、同じ価値を生み出せるであろうというような仕事は同一賃金でよろしい」としているのである。つまり、この「矛盾」は度外視して考えるということである。

しかし、この「矛盾」は経営側や労働組合にとって、重要な"管理の最前線"をなしてきた労力の支出という問題を含んでいる。F.W.テイラーを引き合いに出すまでもなく、「一日の公正な労働に対する一日の公正な賃金」はつねに労使にとっての最大の関心事であった。とりわけ同一労働を、形だけの同一の職務とはせず、同一価値を生み出す労働と定義し、また当時緒についたばかりの生産性向上運動の旗振り役をも担っていた日産労組にとっても看過できない重要性をもっていたはずである。本当のところ、この問題についてどのような解決策を考えていたのであろうか。

この矛盾の解決策として二つのことが考えられていたと推察できる。一つは能率給的な賃金を採用し、労働者へのインセンティブとし同一価値の産出を確保することである。前章で確認したように、当時の日産では集団的出来高給部分と能率刺戟給部分からなるプレミアムと呼ばれる賃金要素が賃金体系に組み込まれていた。賃金四原則の解説文では「刺戟給的な変動報酬賃金が賃金の大

部分を占めてはならない」とし、宮家も「少くとも三分の一以内に止めなくてはならない」としている。しかし、これは変動報酬賃金を全否定しているわけではなく、一定の刺戟給的な要素でもって高い生産性を確保するということを是認していたと理解できよう。

　他方で、積極的な意義があるのはもう一つの手段である。それは、職務の標準化や、生産のシステム化（例えば、組立工程をライン化し同期化するなど）を進め[9]、個々の労働者のアウトプットをシステム的に統御できるような生産体制を確立した上で、適切な労働者の配置・評価・報酬を決定していく制度を整えることである。

　すなわち「人の適正配置、職務の標準化、人材登用、そのための潜在能力の発見、活用が不十分の場合には、職務給一本の賃金体系或は厳密な職務給に移行してはならないといつています」（宮家, 1959, p.214）ということなのである。単純に職務給を導入すればよいということではなく、総合的な人事施策の一環としての賃金である必要性を述べている。

　ここで留意すべきは、「潜在能力」への着眼である。現状では職務が求める能力よりも高い「潜在能力」を有する人がいるとの前提で、「人材登用」や「適正配置」等の総合的な人事施策による是正が必要であるとしているのである。仕事には直接の結果として現れない潜在能力を「発見」するためには、人事考課などのヒトに対する評価制度が必要となるのはいうまでもない。

　日産労組の職務給の要求は、単に仕事に応じた賃金制度ということだけではなく、潜在能力の評価を行う査定を伴った人事制度を呼び込むことを意味していたのである。保有能力に着眼して実施される昇進および昇給、これは米国流の職務ベースの制度からの逸脱をも含意していることになる。職務の標準化と生産のシステム化からなるハード面での近代化を補完する形での、ヒトの能力を主眼に据えた人事制度の要求である。これは後年の能力主義管理のロジックを想起させる。

　さらに敷衍していえば、日産労組の賃金四原則からは管理手段としての賃金、管理的賃金への対抗という観点が消滅している。全自の賃金原則における同一労働同一賃金の主張には、経営サイドの恣意的・差別的賃金を規制するという

意図が存在していたのに対して、日産労組の同一労働同一賃金の論理構成では、経営側の恣意の排除という観点は見あたらず、もっぱら職務評価的観点から職務間の格差付けの話が主となっているということである。

全自の賃金原則における同一労働同一賃金の主張は、第2章で確認したごとく査定規制の意図をも含むものであった。それは、全自の賃金原則が、そのプロトタイプにおいて、当時多くの企業で採用されていた電産型賃金の能力給部分を、同一労働同一賃金で規制することを主張していたことに看取できる。

周知のように電産型賃金においては、能力給部分とは査定によって賃金が決まる部分として設計されていた。経営側はこの査定部分を拡大することで労働者を掌握し、査定を通じた職場支配を企図していた[10]。全自は、1940年代後半に進んだ査定部分の拡大によって電産型賃金が変質しつつあるという状況認識に立ち、当初は「同一労働、同一賃金の原則およびこの原則の上に立った能力給」[11]という形で賃金原則を構想していたのである。

こうした全自の意図は、完成された賃金原則にも引き継がれた。実際、賃金原則の旗の下に闘われた1952年秋の賃上闘争で、日産分会は査定規制をも模索した。これは査定なしの一律7％の昇給に結果した。ただし「特に成績優秀な者」に対する昇給7％の「一割以内」の加給については経営側に譲歩した。このためか、翌年の賃上要求では、明示的に能力査定の問題を取り上げ、査定項目やその実施要綱についての協議・協定化を求め、経営側による一方的な査定への規制を試みていたのである（本書第2章）。しかし、こうした査定に関する組合規制は、その後の争議の混迷と敗北のなかで雲散してしまった。

日産労組の賃金四原則に戻るならば、全自日産分会が規制を試みた査定の問題は、明示的には触れられていない。それゆえ、日産労組の査定に対する態度は不明である。しかし、上で確認したように潜在能力を測定するための装置として査定を導入する必要性が前提されていたのである。賃金四原則における査定への表向きの沈黙が意味していることは、労働組合による査定の規制という問題関心、すなわち経営の査定の恣意的な運用をチェックするという問題意識が消失したということである。

これは何も賃金四原則の単なる深読みではない。実際、1953年の大争議後初

めて昇給が議論された1954年春の労使交渉において、この点が問題となったのである。会社側が「昇給全体のやり方、配分は組合に説明し、意見を聞くことなく、会社に一任せよと言」っていることを日産分会は問題視し、会社と日産労組との交渉についても「民主的査定の実績を売渡す」ものとして批判している[12]。またその後の交渉でも、会社側が「クレームは受付けない」という態度をとり続け、分会との交渉のなかで「第二組合は査定一任を承認しており事務交渉でやる約束はしていない」と発言したともしている[13]。したがって、労使の「相互信頼」という枠組の下、査定は経営の専権事項であることが了解され、労働組合の規制項目のリストから外されたとみて大方間違いはなかろう[14]。

もう一つ触れておかねばならないことがある。日産労組の『真実を語る』第1号（1954年4月7日）には「うわさばなし」という欄が設けられ、次のように書かれていた。

「今度の昇給や金一封は分会員や中立のフラフラ組にはやりたくないよね」
「当たり前だ。ゼロでよいよ。マイナスだつてよい位だ」

全自が「思想的特高的調査」[15]として忌避したような査定のあり方が、労働者の声を擬して経営側に要望されているのである。組合差別の道具として査定を利用することを勧奨するかのような姿勢、これも第二組合の査定に対する態度のもう一つの側面であり、「職務の困難度、遂行度並に出勤率等」とは異なる基準に基づく差別的査定を経営側に期待する態度をも含めて、賃金四原則における査定への沈黙があったと考えられるのである。

4　小括

1950年代前半、「総評最左派」といわれた全自が到達した賃金論は、その後の企業社会で問題と認識されるようになる事象への取組みを志向するものであった。親企業への規制をも視野に入れた中小下請の低賃金の克服策や、労働組

合による査定規制など、その成果はまだ微々たるものでしかなかったが、労働組合が担うべき課題と解決の方向性とを提示していたのである。

他方、大争議後、日産内の労使関係の覇権を握った日産労組が新たに提起した賃金四原則は、全自の賃金原則を意識して作成されたと考えられるが、しかし根本的な転換を伴っているものであった。最も顕著な差異は、企業横断的な賃率への志向が破棄され、生産性格差に基づく企業別賃金格差の是認のもと、労働者を企業間競争へと水路付けるということであろう。また「圏体制」の確立による関連中小企業の近代化という方針も、労働条件改善それ自体を目標としていたというよりも、親企業の競争力の強化という目的に従属するものであったのである。

一見、全自の賃金原則と類似性を示しているように見える同一労働同一賃金論でさえも、著しく異なるものであった。日産労組の賃金四原則には米国型の職務給への指向性の背後に、同一価値を生み出す可能性のある労働を同一労働とすることや、「潜在能力の発見」、「能力のある労働者」の昇進等、職務給ベースの人事制度には留まらない発想が随所に折り込まれていたのである。

こうした人事制度の構想は査定を呼び込むものであり、「ジョブ・レート」が公正な賃金であるという掛け声とは裏腹に、能力をベースとした「マン・レート」への方向付けを暗黙裡に紛れ込ませていたのである。「熟練度、勤続年数及び学歴」には解消されないものとしての「能力」、「潜在能力」への着目は、その後の能力主義管理の登場を予期させるし、しかも査定への表向きの沈黙は組合による査定規制の解除を意味していることになる。全自の査定規制を狙った同一労働同一賃金とは逆に、同じスローガンの下に、経営側によるヒトの総体的な管理の持ち込みへの是認があったのである。

企業間競争や規模間賃金格差の肯定、査定規制の観点の消滅という意味から、日産労組の賃金四原則とは企業社会的秩序への転換を意味するものとなっていた。そして、賃金四原則自体は世に広く知られることはなかったが、その論点は我々の社会の"常識"となっているのである。

注
1) 日産労組は1953年の争議中に、全自日産分会から分裂して結成された第二組合であり、争議終了後の1953年9月以降、会社側との「信頼関係」を基調とした労使関係を形成し、日産における多数派労組になった。しかしその過程には、次章で見るような会社と一体となった凄まじい形での日産分会の排斥があったことに留意しておかねばならない。なお、賃金四原則が発表されたのは、日産労組がほぼ日産分会を制圧した時期である。
2) 全自日産分会『日産旗旬報』第119号1950年11月17日。
3) 全自『全自動車』1952年9月15日。
4) 全自「三社共闘情報」第15号。
5) 「第六回日産グループ共闘会議」(発行日不明だが、同会議は1952年12月14日に開催)。
6) 「賃上並びに之に関連する諸要求の件回答」(日産分会教宣部「情報第2号」1952年10月30日)。
7) 日産 (分会) 教宣部「情報第三号」1952年11月1日。
8) 「第六回日産グループ共闘会議」。
9) 宮家は1955年の欧米視察の報告の中で米国の生産性の高さの理由として、「標準化」、「物をとめるなの考え」を基にした管理制度、「提案制度」の3つをあげている (宮家, 1959, p.280)。
10) とはいえ、当の電力産業に限っていえば「電産が交渉力を維持し続けた」こともあって、1956年の電産崩壊に至るまで能力給が「〈査定給〉としての効果」を充分に発揮することができなかった (河西, 2005)。
11) 全自『全自動車』131号1952年2月25日。
12) 全自日産分会『物を言う』第14号1954年4月5日。
13) 全自日産分会『物を言う』第15号1954年4月8日。
14) 戸塚・兵藤編 (1991) は1980年代半ばにおいても「一般的にはA社 (日産：引用者註) の場合、組合は査定手続きの過程には関与していない」(p.p.101〜102：執筆者は畑隆) ことを明らかにしている。
15) 全自『全自動車』号外1952年9月10日。

第7章

全自解散前後の日産における労使関係

　全自の日産分会は、その賃金原則の実現に向けた闘いの途上で分裂し、その帰結として1954年の全自の解散を招くことになる[1]。しかし、全自解散とともに日産分会も解散の道を選んだわけではない。それ以後も少数派組合として1956年夏まで活動を続けていく。ただ、この全自解散を前後する時期に日産分会が行っていた活動や、会社や日産労組と対峙するなかで経験した事態について記した文献は限られている。日産労連（1992c）、熊谷・嵯峨（1983）、および「創作」の形を取って自らの体験を記した飯島（1993）などである。いずれも関係者および関係団体が記した貴重な記録であるが、それぞれ難点を抱えている。

　後者2つが多くの資料が散失してしまった状況のなかで、当事者としての記憶を基に書かれている[2]。当事者ならではの貴重な経験が綴られているものの、資料的な裏付けを欠き、それぞれの出来事の正確な期日確定ができていないという問題がある[3]。

　これに対して、日産労連（1992abc）は、第二組合が保存してきた資料を駆使して手堅い叙述となっている。当の日産分会自体が解散してしまったなかで、日産分会に関するいわば"正史"的な性格を持っていると目されている[4]。しかし、言うまでもなく日産労連とは、日産分会から分裂してできた日産労組を中心として結成された組織であり、第二組合分裂の正統性を主張する立場にあり、客観性の担保という面では心もとない。特に1954年12月の全自解散後、1956年夏に分会が日産労組に解散することを申し出るまでの約1年半の期間については次のように記すのみであり、叙述としての手薄さも気にかかる。

第7章　全自解散前後の日産における労使関係　127

　日産旧労は全自解散後もしばらくは細々と呼吸を続けた。しかし、なんといっても全自解散の打撃は大きく、会社は「全自が解散したからには全自日産分会は存在しない」という見解の下に、新労との間にユニオンショップ協定を締結した。

　それでも旧労の活動家たちは、組合を拠点にしながら活動を続けた。しかし、それも時間の経過と配置転換などでしだいに遠のいっていった。

　55年の初夏には各支部の事務所も工場内から締め出され、横浜工場はしばらく工場近くに仮小屋を建ててがん張ったが、もはや財政が追いつかなくなった。（日産労連，1992c, p.332）

　何よりも問題なのは、1953年争議での分会の敗北およびそれに端を発する全自の解散に伴い、日産分会もまた正当性を失い自然消滅していったかのような記述となっていることである。確かに「ユニオンショップ協定」締結、「配置転換」、「締め出された」といった言葉に会社側からの弾圧があったことがほのめかされているとも読めなくもないが、しかし基調としては1953年争議の敗北や1954年の全自解散から1956年の分会解散までが自然の流れであったかのように描かれている。多数派となった第二組合と会社との間でユニオンショップ協定が粛々と結ばれ、新しい秩序が形成されてきたといわんばかりである。しかし、こうしたあっさりとした叙述の背後にこそ多くの問題が含まれていると考えるべきであり、この期間に何があったのかについて本章で確認することとする。なお、タイトルで「全自解散前後」と示してあるとおり、本章で扱う具体的時期は1954年末から1955年初頭とする。

　さて、当事者および関係団体による記録を除けば、全自日産分会に触れた研究の多く[5]は、1953年争議の敗北もしくは翌年の全自解散までを対象とし、それ以降の分会の活動を等閑に付してきた。確かに1954年以降の日産分会の活動は、労働組合史の前景からは退き、社会的に大きなインパクトを与える活動を実践してきたとは言い難い。このため労使関係史研究の対象としての意義を失っていると判断されてきたのかもしれない。

　つまり、飯島（1993）の回顧が示しているように1953年争議敗北以降分会解散にまで至る経験がいかに困難で苦労の大きいものであったとしても、分会の

活動が社会大の広がりをもっていなかった以上、個人史以上の意義は持たないと考えられてきた可能性が高いのである。もしそうだとするならば、全自解散後の分会の活動およびその歴史的事実を拾い上げることは学問的に意味のないことであろうか。少数者の体験であり、瑣末で取るに足らぬことであろうか。

しかし、そうではないと考える。日産分会の解散までに起ったことは正しく記録されておくべきことである。それは受難を背負わされた人々がいたことをたんに記憶しておくためだけではない。争議後新たに形成され、選択された企業内秩序の質を明らかにするためである。

というのも、争議状況から日常性に回帰し、それを維持するということは自動的で自然なプロセスではないからだ。秩序の回復およびその維持は、意識的な営為を通してのみ可能であり、そのためにどのような手段を選択するかが、その後の体制の質を決定していくことになろう。勝者の側からすればその優位な立場を維持しつつ、その秩序に参画する人々の態度をどう律するかが大きな意味を持ってくる。虎視眈々と失地回復を狙う敗者たちとどう対峙するかという問題である。

この手段のありようこそ、その後の人々の行為を規定する要因となろう。争議敗北後のありようが、したたかで粘り強い運動へとつらなっていくこともあれば、今後の生活のために"口を噤む"こともあろう。その行為の大きな規定要因になるのが、紛争後の秩序維持の手段のあり様である。

このように考え、分会の解散の背景に会社側と日産労組とによる徹底した弾圧があったとすれば、それは単なる個人的受難を超えた意味を持ってくる。なによりも分会解散は争議の敗北から直接導き出される結論であったわけでないということになろう。実際、1953年争議の敗北後、会社の第二組合への挺子入れにもかかわらず、分会と第二組合との間には綱引き状態の時期があり、第二組合から分会への大量復帰が目論まれていたことさえあると言われている（熊谷・嵯峨，1983，p.277）[6]。しかし、それを許さないとする支配のあり様が、その後の企業内秩序を規定したのである。

内外の研究のなかには、日本社会では1950年代に大きな争議を経験したのちに「階級和解」がなされ、それが他の先進諸国とは異なる諸慣行や生産システ

ムの形成に寄与したとする見解（Kenney and Florida, 1988 = 1993[7]）など）があるが、これらの見解はこうした「産業平和」を可能とした企業内秩序の形成過程に対する認識を欠いた皮相なものと言わざるをえない。「産業平和」と称される秩序を形成するために用いられた諸手段を検証すること抜きに、戦後日本の独特な企業秩序、企業内生活の質を語ることはできない。

　1980年代に広く知られるようになった日産労組の作風、すなわち「組合民主主義の空洞化と全体主義的組合運営」（山本，1981，p.216）や「天皇制軍隊のミニ版」（嵯峨，1984，p.207）と言われるような行動パターンは、分会との覇権を競ったこの時期に形成されたと考えられる。さらに労働者が"モノ言えば唇さむし"という態度を取るようになったのは、この時期の工場内外での経験および見聞が原体験となったとみることもできよう。この意味で、その後の会社と第二組合による労働者支配体制の形成過程として、高度成長期前夜に日産の労働者が経験したことは明らかにされておくべきなのである。高度成長期以降の経営側と日産労組との間で形成された「労使平和」は、この時期に工場の門の中で世間に知られずに行われた幾多の行為の産物としてとらえる必要があるのである。

　さらに、これは日産という一企業に留まる問題ではない。第二組合論を本格的に展開した藤田若雄が「三田村氏や鍋山氏の組合分裂育成運動が、王子争議の際に明らかになったように、全自日産分会・日鋼室蘭など過去の組合分裂の事例研究によって、いっそう組織的になっている」（藤田，1969，p.335）と述べているように、日産のケースはその後、他企業で会社側や第二組合が第一組合から覇権を奪取する際のモデルとなってきた。高度成長期に、企業で働く人々がモノ言わぬ人々へと変貌させられていく、そのような企業社会の原型がこの時期の日産において形成されてきたとも考えられるのである。

　したがって、本章の課題は、1945年の敗戦を契機に経営側に対して対等な立場から自らの労働条件について発言できるようになったはずの労働者たちが、再度口を噤まなければならなくなった事情を、日産分会の経験をもとにつまびらかにすることにある。これは飯島（1993）のモチーフとも重なってくるであろう。飯島氏が記憶として語っていることを、少しでも資料的に裏づけること

になればと考えている。

　本章執筆にあたって使用する資料は、浜賀コレクションの中の次のものである。分会側の資料としては日産分会名で発行された『ニッサンアッピール』(『日産アッピール』と表記している号もある)、『スクラム』と題されたチラシ、また職場グループが発行していた有料のチラシである『クランク』(No.1～17)[8]などを主として用いる。加えて若干ながらこの時期の分会内部文書も残されており、関係する範囲で利用する。また日産労組側の資料としては『復興ニュース』等の機関誌やチラシ、および定期大会における『運動方針書』等の資料が残されており、これらを用いる。

1　組合の名称問題

　これまでの研究が触れてこなかった事実の確認から始めよう。全自解散に伴い、その分会である日産分会の組織名についてはどのような対応をしたのであろうか。全自解散後も日産分会を墨守したかのように思っている人も多い。聞き取りを行った数名の元全自日産分会の組合員の方々も、この時の対応を記憶している人はおらず、何ら特別な変化はなかったかのようである。また熊谷・嵯峨 (1983, p.300) には「全自解散後も第一組合は『日産分会』を名のって」いたとある。確かに全自解散以降のビラやチラシにも「日産分会」と記されているし、必ずしも間違いであるというわけではない。ただし、組織名称変更に関する一連の経緯は正確に記しておく必要があろう。なぜなら、この名称変更をめぐるごたごたさえ、分会の屋台骨が揺さ振られるような弾圧の口実として利用されたからである。

　分会は全自解散直後の1954年12月3日のグループ会議で名称変更を検討している。「名付け親が沢山とび出した」が、結局「日産自動車労働組合」と改称し、略称を「日産分会」とすることを決めているのである[9]。また組合長名で会社側に提出された労庶発第33号「組合名義変更の通知」(1955年1月11日) では、12月3日付けをもって名称変更し、それが12月20日の全組合員の無記名

第7章　全自解散前後の日産における労使関係　131

投票によって承認されたこと、口頭では既に会社に連絡してあること、全自解散の合法性への疑念[10]にからんで正式文書が遅れたこと、第二組合との混同を避けるため会社と組合間の往復文書では略称である「日産自動車分会」を使用してもらいたいことなどを通知している。

　この新名称について2つのことを指摘しておかなければならないであろう。一つに、新名称は日産分会に名称変更する以前の旧組合名に戻ったものであり、この点では不自然ではない。第一組合としての正統性を譲らないという意味で元の名称に戻ったということであろう。しかし既に第二組合が用いている名称でもある。このことを考慮し、何らかの工夫があってしかるべきではなかったのか。そして、それをもって第一組合の新しいアイデンティティとすべきではなかったのか。分会に最後まで残り続けた人でさえ最後の正式名称の変更を覚えていないということは、この名称変更が失敗であったことを象徴しているように思えてならない。

　もう一つの点は会社側への通告時期である。会社への文書通告は正式決定からさえ20日近くたった1955年1月11日になされるのであり、遅きに失した感がある。というのもこの機をついて会社側が「全自が解散したからには全自日産分会は存在しない」（日産労連，1992c，p.332）と攻撃をかけてきたからである。

　会社は同年1月10日に、分会に対して、全自が解散したにもかかわらず「結成の届出も組合員名簿の届出もない」[11]ので分会もないものと見なすとする文書をよせ、その中で組合掲示板の撤去、会社立て替え払いのある電話の引きあげを通告する。またこれ以外にも、各支部の事務所の立ち退きを通告するなどの弾圧が行われたのである。これらの弾圧を受ける形で出されたのが先に言及した1月11日の文書通告（労庶発第33号）なのである。そして、同日「掲示板使用停止撤回の申入の件」（労庶発第34号）では、組合は解散していないことおよび組合名の改称は「労庶発第三十三号により」行ったとして、掲示板の使用停止を直ちに撤回するよう抗議しているのである。後手後手の対応と言わざるをえない。

　分会側は神奈川地労委への第3次申立てにおける組合資格審査で、同年1月5

日に適格組合の決定を得ている[12]。したがって、この決定に基づいて会社側に文書通知をしていれば、ないものと見なすといった対応はできなかったはずである。結局、会社から攻撃されたために、改めて文書で正式通告を行うという後手の対応となっていた。この点は、相手につけいるスキを与えたと言わざるをえない[13]。

　こうした会社側の動きと期を一にして、日産労組による分会の「ボク滅」[14]が宣言された。全自解散を前後して、日産労組は分会を「吸収」から「ボク滅」の対象に切り替え、分会への攻撃を強化したのである。こうした攻撃の具体例については後で明らかにしよう。攻撃強化を正当化するために、分会は上部団体である全自が解散したのであるからもはや労働組合ではなく、同好の集団にすぎないことが主張された。そして、文書上でも略称である日産分会とはせずに「空中ブンカイ」、「集団」、「旧分会」などの呼称で分会を呼ぶようになり、以後それが徹底されている。労働組合として分会を存続していないものとして扱い、経営側に対しても分会への対応が生温いとして、強行策を採るよう主張したのである[15]。

　会社も第二組合も、全自解散が日産分会解体の好機だとして、徹底攻撃をかけてきた。そして、その口実の一つとして全自解散に伴う名称変更をめぐるごたごたが使われたのである。

2　分会への攻撃

(1) 日産労組による分会のビラの受け取り禁止

　工場の門前で少数派組合、反対派、もしくは市民運動の活動家が撒くビラやチラシを受け取らないよう指導したり、会社側や主流派の企業内組合がゴミ箱を用意し、労働者が受け取ったビラをそこに捨てさせるというのは企業社会において日常的な風景となってきたが、そうした風景が日産で出てきたのはこの時期である。

　日産分会の『ニッサンアッピール』No.43（1955年3月2日）には、「『ビラ

を読む自由について」という記事が掲載されており、分会が工場門前で撒くビラを受け取らないように日産労組の執行部が監視していることが伝えられている。日産労組の執行部に抗議したところ、「職場で『分会のビラを受取るな』というマ決議をした」こと、日産労組の執行部はあくまで「組合が決めたのではなく職場が決めたこと」と主張していること、しかしそれぞれの事業所で組合の執行部が監視しており、大会で「まだ分会のビラを受取るものがいる」と叱りつけていることを伝えている。ビラの受け取り禁止という状況がどのような経緯で生じたのか考察しておこう。

　日産労組の『復興ニュース』No.29（1955年1月20日）の「けがらわしいビラは受取れない」と題された記事は、分会が記事で指摘したことが事実であることを裏付ける内容となっている。この記事によると、同年1月14日の連合職場委員会で「今後一切の（分会の：引用者補足）ビラは受けとらない!!」ことを議決したとのことである。何故、「受けとらない」のか。その理由は、分会のビラは日産労組の攻撃に終始した「ケガラワシイもの」であるからということ、および組織力が大幅に落ちた分会による日産労組への攻撃は「言葉と文字だけ」だから、「ビラ等の文字～目を通ずる手段さえ封じれば、破壊集団は何もできなくなる」ということだ。

　注意しておかねばならないのは、分会のビラを受け取らないことは、最初に職場の代表者の会議で自主規制として決められたことである。このため日産労組の執行部の見解としては、連合職場委員会の議決を尊重するというスタンスから出発している。執行部は職場委員会による自主規制決議を容認し、それが確実に実施されるよう努力するとしている。しかし、ただ尊重するだけにはとどまらず、執行部として組合員に遵守させるともしている。

　そして、この記事の最後には「職場で決めたことを理解せず破壊ビラを平気で受取る様なことがあれば職場組織の問題強いては組合全体の問題として処置しなければならない」と太字で印刷されている。日産労組の組合員が分会のビラを受け取った場合には処罰を受ける可能性があると警告しているのだ。ここには大きな論理の飛躍がある。本来は「職場」が自ら分会のビラは受け取らないと自主規制を宣言したにすぎないにもかかわらず、執行部によりその違反は

処罰対象となり、禁止行為となったのである。こうした奇妙な論理展開になっているのは、連合職場委員会の決議が純粋に下からあがった声というよりも、執行部の意を受けて決議されたものであったことを示しているといえる。

『クランク』No.8（1955年2月1日）は、この決定が日産労組の組合員に伝達される様子を伝えており、職場長が主導して上から職場決議をあげるよう誘導が行われたことを明らかにしている。例えば、横浜T生の投稿記事では次のようになっている。

　　一月十二日昼の職場大会で職場長が、百害あつて一利ない分会のビラは今后貰らう〔ママ〕なと押付けて来た。
　　貰らう貰らはないは俺の勝手だが大会でヘタに発言して吊し上げられてもつまらんし、皆も黙っているし、俺も黙り通したが。この分で行くと話もしてはいかんと云いかねないようだ。

また同号に掲載されていたS記者執筆による「P職場報告」でも、職場大会を用いてビラを受け取らないということが確認されている。

　　新組合の職場委員が昼休みに分会のビラは受取らない〔ママ〕様に職場の皆様にお願いすると云ったが其の後職場大会で職場長が生産問題、全労、分会のビラの件と報告して、特に分会のビラは全部がデマ、デタラメなので今後一切のビラは受取らない〔ママ〕様この職場大会で確認してもらいたいと云つた。一人が賛成で其の他の人は全部ダマッテいた。

日産労組の職場長クラスが主導して配下の組合員たちに分会のビラを受け取らないよう提案し、そしてさしたる議論もないままに、職場大会の決議とされているのだ。何故、黙っていたのか。「へたに吊し上げられてもつまらん」という言葉が示すように、「自由に意見を述べる勇気がな」[16]い状況へと職場の雰囲気が変貌しつつあったからであろう。

いずれにせよ、執行部とは異なる意見や主張を労働者が自らの目で読み、判

断する機会を封殺する措置が定められ、工場から自由な言説が圧殺・排除されていったのである。日産労組執行部の言い分としては、分会のチラシを読みたい人は日産労組の執行部に来れば読むことができるようにしているので、「個人の自由を束縛するものではない」[17]としている。しかし敢て執行部にまで出向いて分会のビラを読もうとすれば、分会への関心を告白するようなものである。また分会が危惧しているように、分会のチラシを「検閲」[18]し、自分たちに都合の悪い記事を見せないという恐れもあろう。実際、『復興ニュース』において「取り次ぎ」と題して分会側チラシの内容を紹介しているコーナーを設けている号もあるが、日産労組にとって都合のよい事だけを摘み食いした内容となっている[19]。とても「個人の自由を束縛するものではない」とは言い難いのである。

　少なくとも、対抗的な言動を許容し、判断を組合員自身に委ねるという正常な民主主義的スタンスが日産労組から喪失している。"見ざる、言わざる、聞かざる"という態度を人々に強いるのであり、どんな詭弁を弄したとしても、「個人の自由を束縛」したものでしかない。第二組合が工場のなかに形成しようとしていた秩序とは、このように民主主義的諸権利を否定したところに成立している秩序であったということになろう。

　無論、こうした措置が民主主義からの逸脱であることを日産労組執行部も感じていたのであろう。1953年の分裂前に「少数意見の尊重」を強く主張していたのは、第二組合結成の中心となった人々である[20]。そうした批判には敏感であったに違いない。だから形式的には連合職場委員会の決議や、職場大会での確認という体裁をとる必要を感じたのであろう。下からの議決を「尊重」する形でビラの受け取り禁止としたのも、反民主主義的実践に踏み出すことにまだ躊躇があったとも推察できるのである。

　しかし一旦、実施してしまえば、その後はとくに正当化する必要もなくなり慣例となる。何らの説明も必要なく、反対派のビラやチラシを封殺する行為が当り前のように蔓延するようになっていった。最初に引用した『ニッサンアッピール』No.43が伝えていたように、日産労組執行部が中心となり、分会のビラ撒きを監視し、それを受け取っている者のチェックがされるようになったのである。また横浜T生の不安が的中するように、その後、職場決議を使いなが

ら分会員の「村八分」が始まることになる[21]。

　もし、同じことを会社がやれば不当労働行為にあたる。門前にゴミ箱を置き、反対派のビラなどをそこに捨てるように促すことはできるにしても、受け取ったら処罰するとまでは公言できない。分会員と口を聞いたら懲戒だというのも難しい。会社がやれないことを、積極的に第二組合が担い、分会の影響力を削ごうとしていたのである。そして、その処分に実効性をもたせるために会社側とのユニオン・ショップ協定の締結を望んでいたのである。会社と日産労組のユニオン・ショップ協定についてはここで詳しく論じることはできない。ただ一点指摘しておくとすれば、分会存続下でのユニオン・ショップ協定の実効性の観点からすれば、いまだ残留する分会員との関係というよりも、日産労組内での統制権との関係で重要だったのである。

(2) 分会の影響力

　では、分会のビラやチラシを徹底して忌避することに合理的理由はあったのであろうか。民主性をかなぐり棄てても第二組合が、もはや組織率1割を切っている分会[22]の影響力を断たねばならないとしたことにはどんな背景があったのだろうか。全自の解散を好機ととらえ、分会を「ボク滅」する手段であったことは疑い得ない。しかし、分会のチラシが「デマ」攻撃ばかりだとするのであれば、的確な事実を示して反論すればよいだけである。事実を知らしめてその「デマ」が「デマ」たることを明らかにし、自らの正しさを示す格好の機会でさえある[23]。

　にもかかわらず、民主主義の一線を超えてまで分会の情宣を排除する手段に及んだのであるから、やはり分会側の情宣は何がしか不都合な事態を日産労組に惹起せしめていたとも推測できよう。組合員を分会の見解や主張から遮断しておく必要を日産労組執行部は感じるようになっていたのではないか。

　このように考えたときに、時系列的に考えて因果性が高いと思われる出来事は、1954年の11月に会社から示された「九項目提案」をめぐる問題と、それに続く一時金（賞与）[24]要求で生じた事態である。九項目提案とは、1954年6月頃からの「デフレ経済」進行に伴う会社業績の悪化への対応策として会社から

組合に提示された合理化案であり、①当分の間全従業員を週5日就業とし、休業日の手当として平均賃金の6割支給、②プレミアム制の一時停止による保障と付加率廃止、③家族手当支給範囲の制限、④休職期間設定その他休職手当支給延長等、⑤待命制度の新設、⑥停年嘱託制の改正、⑦通勤定期券金額会社負担の改正、⑧金券の廃止、⑨東京製鋼所の分離（分社化）からなっていた。

　様々な形を取った賃下げ、休職者や嘱託者の解雇や待命制度の導入（後述）が大きな争点となったが、日産労組執行部は、正社員の解雇を回避するためには会社提案を受け入れるのはやむをえないと会社側提案に理解を示す態度をとった。また、この余波がくすぶる中で年末一時金（賞与）の要求時期を迎えることとなったが、年末一時金についても、日産労組は不況を理由に「二十年、三十年後を考えて」抑えた要求案を組合員に提案したのである。

　この2つの案件に対する日産労組の執行部の対応に批判的な層も出てきた。そして、日産労組執行部批判層に対して、分会のビラやチラシが果した影響も少なくなかったことが窺われる。例えば、分会の機関紙『日産旗』（1954年11月27日）の座談会では、

　　特に会社案（九項目提案：引用者注）が出たとき、組合から「反対要求書」として十二ヶ条三七項目を決めてビラにして流したのは大成功だつた。
　　第二（組合：引用者補足）のある多人数の職場では、あれを資料にして職場討議していた。

という話も出てくるのである。

　九項目提案に対する対応は、日産労組にとっては「組合始まつて以来の重要な段階」[25]と位置付けられるほどの問題であった。経済情勢の悪化とそれに伴う会社側からの賃下げをはじめとする労働条件の切り下げに、執行部の姿勢が組合員から問われた。労使の「相互信頼」を前提として、会社側提案に対して理解のある対応を取ろうとする日産労組執行部に対して批判的な動きが表面化したのである。それは日産労組執行部にとっても看過できない脅威となり、分会と連動する批判的な動きを断ち切る必要性を感じさせたと考えられるのであ

る。具体的な例として1954年冬の一時金（賞与）要求について見ておこう。

日産労組執行部は1954年の一時金（賞与）要求案において理論月収1ヶ月分、配分において成績査定部分を拡大した案を組合員に提案した。すなわち、基本給比例部分5割、成績加給4割、家族手当1割とする配分案を出していた。

この案は各職場で討議され、職場討議の結果を持ち寄った職場長会議、および各支部で集約された。『復興ニュース』No.23（1954年12月6日）に掲載された「全支部職場長会議の集約」によれば、組合員の最大多数を占める横浜支部の場合[26]、39課中20の課が当初の執行部案である5対4対1を支持しており、51％でぎりぎりながら過半数を超えている。また他の大規模支部である吉原支部、鶴見支部、厚木支部、東京製鋼支部でも、配分5対4対1とする案が決められている。逆に7対2対1は横浜支部における12の課（33％）、後は少数職場の新橋支部、大阪支部が支持しただけである。

執行部の当初の案である5対4対1という提案は、ほぼ職場長会議においては支持されていたと言ってよい。しかし、この案は最終要求とはならず、少数意見にすぎない7対2対1という要求案が採用された。では執行部はどういう判断の下で成績加給部分の圧縮を行ったのであろうか。

日産労組執行部が査定部分の拡大を目指した配分案を断念したのは、職場や一般組合員において査定部分拡大への根強い反対や不満があったためである。日産労組執行部自身の見解によると、「手取額がはっきりしなくて若干不安」という声があり、また「査定に於ては実際的には我々の希望する様に実施されない面がある」[27]という意見が職場から出てきたためとしている。そして「執行部の出した五対四対一の態度は理論的に正しい」と総括し、「五、四、一で、ハッキリ割切つた職場の方々としては、理論的に正しい線で納得されたと判断し多少不満もあろう」とし、当初の執行部案を支持した人達をなだめている。成績加給部分の拡大が正しい方針であるが「現実の事態の解決」策として「七対二対一」を採用したので理解していただきたいとしているのである。

分会側のビラでは、「新組合の職場探訪してみると、五・四・一の配分絶対反対、額は一・三が多い」[28]として、日産労組執行部提案に反対する職場の声を紹介している。18の職場の声が掲載され、その多くは額に対する不満、すなわ

ち理論月収1ヶ月分では少なすぎるという不満が中心であるが、G.K職場では「配分案、六（基）、三（家）、一（成）とせよ。」という意見も出たとされており、査定によって決まる成績加給部分を4割にまで高めるのは反対で、逆に家族手当部分の比率を高くせよということであろう。

更に、一時金に対する執行部案への職場の反応が悪いことを強調するとともに、職場長を中心に、執行部案への反対意見を押さえ込もうとしている様子も伝えているのである。すなわち反対意見に対して「分会の云う様な事だ」と一喝したり、「待命を口の端にのぼして」[29]意見を押さえたり、また「質問はいけませんが、意見は聞きます」[30]といった形で討議を封じていたというのである。

分会側の報告が正しいのか、それとも分会の報告は誇張にすぎず、日産労組の職場長会議の投票結果こそが職場の意見を正しく反映していたのかは定かではない。しかし、日産労組の執行部が自ら提出していた案を推し通すことができなかったのには、職場に根強い反対意見が存在し、それを抑えてまで執行部案を通すわけにはいかないという判断が働いたからであろう。そして反対意見や不満の中に分会の根強い影響力を見ていた可能性が高いのである。

実際、この時期日産労組は「分会のササヤキやデマに乗つては個人が損をするし、不利になる」から注意するよう呼びかけるとともに、「分会に内通し統制をみだすことは、職場全体の問題として処理されることになる」として警告を発している[31]。また12月17日に開催された第3回の定期大会の『運動方針書』においても、この期間において「分会の根拠なきデマが、比較的職場態勢の遅れている職場にネライうち的に、ささやかれた事及び極一部の者が多少の影響をうけた」(p.2)や、「極一部の組合員の中には、分会の扇動に乗り、九項目の会社提案について多少の不満を云う者もあつた」(p.3)と総括されており、分会の情宣を受けて職場の中に執行部方針への批判の声があがっていることを認めている。さらに表立った批判だけでなく、組合費の滞納も問題となっていたようで同方針書では「組合費を三ヶ月以上も滞納している者は組合を否定していると判定せざるを得ない」として「断乎処置」することを謳っている[32]。

では、この時期、日産労組内で日産労組に批判的な立場をとる者はどの程度いたのであろうか。日産労組執行部の選挙の動向を参考として提示しておこう。

1955年に2月15日に実施された組合長選挙の結果は、有権者総数6513人のうち棄権が867人、無効254票、白票が169票である。また同年2月17日に実施された副組合長選挙の結果においても棄権が899人、無効333票という結果が存在している[33]。いずれも棄権、無効票、白票を合わせるとほぼ1200票程度になり、2割近くに達する。もちろん、これら全てが日産労組執行部に対する批判者とは言えないであろう。特に棄権は、なんらかの都合でやむを得ず投票できなかった人もいることが考えられるので、全てを批判者としてカウントするわけにはいかないであろう。

ただ『クランク』No.11（1955年3月17日）においては、候補者が上から選ばれ、しかも定員を上回る候補者が出ない第二組合の選挙は非民主的であるとして、自分達の意志を「棄権か無効票」もしくは「白票」で表明するべきだとする意見が掲載されており、第二組合執行部批判の意志表示として棄権、無効票、白票を用いる戦術が使われていたことを示している。また同年8月の一部役員改選の選挙の要領を伝えた日産労組のチラシ[34]には「全員もれなく選挙してください」と注意書きが大きく添えられてあり、多数の棄権者が出ていたことが問題であると認識されていたことを示している。それゆえ、棄権という形で意思表示をした者も多数いたと推測でき、日産労組には加入したものの面従腹背の態度を示している者がいまだ無視できない規模で存在していたのである。

ただし、こうした実態があったからといって、この時期、いまだ分会がそのプレゼンスを示すような活動を社内で行いえていたかといえば、それについては否定的にならざるをえない。当時、組合活動として行っていたことは解雇撤回等の法廷闘争以外に、「日産アピール」[ママ]の発行、「週一回の大会」[35]、「職場長会議」、「団体事務交渉」、「支部オルグ」、「全自及総評地評関係活動」である。またこれに「グループ活動」[36]が毎夜「何処かで開かれ」、その連絡会が「週一回」開催されているとのことである[37]。

個々の組合員が主体的にかかわり、かつての職場闘争に代わるような活動としてはグループ活動が中心ということになろう。グループ活動とは、職場の組合員が仕事後や休日に誰かの家や集会所に集まり、飲食をしながら会社での出来事や個人的な話をしあうという集りであった。グループ活動が始まったのは、

1953年争議敗北後にまで遡る。争議敗北後、分会は「職場闘争」を柱とした会社への対抗を試みたが、職制を中心とした会社側の圧迫は予想以上に厳しく、「職場闘争」がままならず、職場集会さえ持つことが難しくなった。

　こうした劣勢のなか、職制による分会切り崩しに対する防衛的な活動としてグループ活動が始まったのである。しかし、同年12月5日に争議参加者に対する処罰が発表され、分会の中心的人物や若手活動家に懲戒解雇、諭旨免職、出勤停止などの厳しい処分が下された。これによって初期のグループ活動は瓦解する。この処分は分会活動家を職場から「ロックアウト」する効果をもち、分会の中心メンバーが会社にいない間に企業内では分会残留者に対する切り崩しがなされたからである。

　年が明けて、職場に帰ってきた活動家らを中心に職場組織の再建が取り組まれるが、誰が分会に残り、誰が脱退したのかさえわからない状況となっていた。1954年1月以降は第二組合は分会に脱退した組合員の脱退届けさえ出さなくるし、分会に残留した人も配置転換で職場がバラバラとなっていた。このように職場での活動が困難な状況になったにもかかわらず、それでも職場での組合活動の必要性を感じた分会員たちが手探りをしながら集まるようになり、自主的に話し合いの場をもちはじめた。これが1954年時点での職場グループ活動である。これをコアにして職場の組合活動の再建に取り組みはじめたのである（全自日産分会，1954）。

　時期的には若干ズレるが、グループ活動の新たな息吹を伝えている日産分会の小冊子『続明日の人たち』を見ると、このグループ活動として行われている具体的活動は千差万別である。「世間話から国際問題」をただ話しているだけのグループもあれば、最初は職場の不平不満を言う場であったが「積極的な討議」へと展開し、「統一の問題を論じたり、一時金の宣伝活動を職場でやつたり」、全自の元委員長を招いて「トヨタの状況」の報告会を開催するグループも出てきている。

　グループで行っている活動がそれぞれ異なっているにもかかわらず、あえて共通している点をあげるとすれば、職場の仲間が集まる機会を意識的に作り、その中で自由に話し合うことから出発しているということであろう。そのレベ

ルで終っているグループもあれば、それを足掛りに積極的な活動へと踏み出しているグループもある。しかし、いずれにしても人間的なつながりを維持することがその核となっているのである。

　分会としてはこのグループ活動をいかに本来の組合としての活動と結びつけるかが、この時期に意識されるようになってきていた。1954年10月12日付けの分会内部文書『これからの行動について』では、「グループ活動をも少し発展させ、その一つとして組合活動の面をも少し援助せよ」としている。「活動の中核は当面『日産アピール』『グループ活動と相互交流』『個人説得』『支部オルグ』『他分会の職場グループ交流』におけばよい」としているように、実質的な職場での活動をグループ活動主体とし、「職場長会議とグループ連絡会を統一して意志決定とグループ活動の諸企画を行う」という方針さえ出ている。分会員が積極的に参加している活動がグループ活動だけとなりつつあるので、それを柱とした組合活動への衣更えを模索していたのである。実態としての分会の活動は組合員の相互交流の側面が強いグループ活動に限られてしまっているために、それから一歩踏み出した活動を要請していたのである。

　このように会社内における分会の活動は狭く限られたものとなり、また組織率も1割を切る中で、その存在感も徐々に乏しくなっていた。ただ、1954年のデフレ経済に対する対応は第二組合にとっては初めて迎えた正念場であった。業績悪化を労働者の犠牲でもって解決しようとする会社側の政策にどのように対応するかが問われた。会社側の提案を早々に呑んで「相互信頼」の枠組を維持すれば、組合員の離反や反発を招きかねず、足元を掬われる可能性がある。しかし、企業の合理化案に反対の姿勢を明確に示すならば自らが唱導する「相互信頼」に傷を付けることになる。これは日産労組の行動を正当化してきたイデオロギーを損なう結果となってしまう。日産労組としては会社の主張を容認しながらも、組合員からの不満を抑える形での決着をせまられていたのであり、その隘路で微妙なバランスを取ることを強いられていたのである。

　分会が冬の一時金闘争を総括し、「配分を五・四・一から七・二・一にして、成績査定四割提案を二割にさせた日産全体の力は高く評価されている」と主張したとき[38]、それは日産労組執行部にとっては耐え難い屈辱であったであろう。

難局を乗り切るなかで、分会の情宣活動を通じた影響力を看過できないし、組織内分会シンパの動きを封じる必要性を実感させられた。このため日産労組は分会ビラの受け取り禁止という形で分会の影響力を排除しようとしたのである。そして、ほどなく分会員との交流も禁じられることになり、「組織再点検」[39]として、日産労組の組合員で分会と通牒している者の摘発にも乗り出し、分会の影響力の排除を徹底していくのである。

(3) 待命制度

会社側が分会の最終的な解体手段として出してきたのが、待命制度である。待命制度とは、公務員の人員整理において使われた制度であり、一定期間有給の自宅待機としたうえで、期間満了後に退職させる制度である。1953年11月、時の吉田政権が国家公務員の人員整理手段として導入していた（法政大学大原社研, 1954）。日産の待命制度もこれに範をもつものと推察されるが、しかしその性格は随分と異なる。人員削減の手段ではなく分会残留者の一掃を狙ったものであった。非常に特異な制度であり、分会解散を決定的にする役割を果たしたにもかかわらず、従来の研究では待命制度について言及したものはほとんどなく[40]、その重要性が看過されてきた。ここでは導入経緯を示すことにより、その意図が分会解体であったことを確認しておこう。

待命制度の導入については、先に触れた企業合理化に関する九項目提案のうちの一つとして両組合に提示された。分会に対しては1954年10月29日に文書で提示され、翌30日の団交で詳細説明および交渉がなされた[41]。また日産労組に対しては10月29日の午前に文書で提示され、その日の午後に行われた中央経営協議会で説明がなされている[42]。

日産において提案された待命制度は、「適職がない者」を6ヶ月間の自宅待機とし、その間は賃金の6割が支給され、この6ヶ月の間に適職が社内に見つからなければ自動的に退職とするという制度であった。実質指名解雇ともいえるこの新制度は、直接的には業績悪化を受けた合理化案の一つとして提案されているが、しかし会社と2つの組合との交渉状況をみると、他の提案とは異質であり、待命制度は単なる不景気による合理化案の一つではないことが判明す

る。すなわち、会社側はこの待命制度は「官庁でやつている待命制度とは全然違」[43]い、人員整理の「抜道」として使うのではないことを、両組合に対して強調しているのである[44]。単純な労務費の削減の一環ではないということである。ではその目的は何か。

　ここから先の説明は、分会と日産労組への対応は随分と異なっていた。分会側は、当然のことながらこの待命制度が「第一組合員をねらうだろう」[45]と察しており、交渉においても分会関係者にあてはまるような条件を提示して、それが「適職がない者」に該当するかどうかを会社側に質している。例えば、配転者は「適職がない者」には該当しないのではないか、過去に懲戒を受けた者はどう扱われるのか等々である。さらに具体的な個人名まで挙げて、待命の対象となるかどうかの確認をしている。配転者に関して言えば、1953年の争議終了後より会社側は分会員に対して不当ともいえるような配置転換を進めてきた。そしてこの待命制度発表直前の1954年10月には分会残留者を狙い撃ちした大幅な配転を行っている。分会員24名が対象となり、分会では前年の「十二月五日の一四一名の懲戒処分の第二版」[46]とまで位置付けていたほどであったが、こうした逆境を逆手にとって、配転者は「適職がない者」とは異なるという主張をぶつけているのである。

　無論、会社側の回答は曖昧であり、不当労働行為の言質を与えないように配慮した内容となっている。例えば懲戒については「懲戒そのものが適職なしの理由にならない」とし、また具体的な個人については「今は考えていない。どうなるだろう」[47]などと将来には含みを残したような回答をしているのである。そして、あくまでも「例えば病院を持つている会社が病院をやめて診療所にした場合院長に便所掃除をやれとも云えないから待命になる、と云う形であつて今待命を必要とする具体的事実があつて設けるわけではない」とし、木で鼻をくくったような対応に終始していた。それならば待命制度を現時点で創設する必要はないと分会は応酬したが、しかし会社側はこれにはなんら明確な回答を示していないのである。

　他方、日産労組に対しては一定の明解さで答えている。第3回団交までは「人員整理」とは無関係であるということで理解を求めるだけであったが、日産労

組は「人員整理の抜道とはしないと云つても、『適職がない』という言葉だけでは、絶対納得出来ない、自動首切は容認できない」[48]として、「更に趣旨を説明されたい」[49]と会社側に踏み込んだ説明を迫り、それに促される形で会社側も詳しく回答しているのである[50]。

それによると、待命制度の対象となるのは「全員の負担になるような人」であり、具体的に「適職がない」とは①「人物又は能力の点に著しく欠陥があり信用して業務につかせ得ない場合」、②「専門職のため、業務の改廃に依つて他に転用出来ない場合」であると説明している。②の方の説明は分会に対する説明と同じであるが、①の「人物又は能力の点に著しく欠陥があ」るとは「精神的欠陥あるいは破壊的な考え方も考えられる」という形で説明し、したがって、「普通人であれば無関係」で、「普通人以外とは異常人」だということであるとも答えている。

さらに、この時期にあえて待命制度を導入する理由については「日産百年の計を考え、企業の将来のために実施したい」とし、「異常人がいなくなればこの制度は有名無実になる」としている。分会に対しては説明をはぐらかしていたが、日産労組に対してはあけすけに一部の人たちの排除の手段であることを表明しているのである。日産労組は分会を「破壊集団」、「暴力集団」と批判しており、会社側が言う「異常人」が分会関係者であるという共通了解に立つことは容易であろう。

むしろ日産労組は会社側との労働協約をめぐる同年8月の団体交渉で、「労使双方が『労協』の締結によって永遠の平和条約を打ち樹てこの平和を乱す破壊分子については会社組合双方協議の上処理する」ということで双方が了解したとしていたのだから[51]、会社側から分会の「処理」についての提案が出されることで合意していたのであり、その「処理」の仕方が待命制度であるということになろう。そのため、待命提案について当初は「慎重に検討する」[52]とはしながらも、会社提案から1ヶ月そこそこで日産労組は了承するのである。

この会社側を追及する一連の団交は、第二組合員に対して待命の対象が分会員であることを知らしめるプロセスであったとしてもおかしくない。なぜなら、待命制度は「自動首切り」という看過できないような可能性があるにもかかわ

らず、一度として反対の態度表明をすることがなかったからである。日産労組は当初より一貫して「慎重に検討する為、態度を保留する」というスタンスで交渉してきているのである。不当労働行為の言質とならぬよう明言を避ける会社側に対して、その意図を明確に語ることを迫っているかのようにも見える。いずれにせよ、「日産百年の計を考え」、「異常人」を排除するという意図を会社側が明確にしたことによって、日産労組側は「新しい理解の段階に入つた」と評価し、待命制度導入に賛成するのである[53]。

　圧倒的多数を組織する日産労組が会社側と合意すれば、いくら分会が反対したところで、数の力の下どうすることもできない。これによって1955年1月1日より待命制度が発効した。しかし、すぐに待命者が出たわけではない。初の待命者が出たのは待命制度の提案からほぼ1年後の同年11月6日である。11名の待命者のうち分会員は8名であった。そして翌年2月6日には副組合長、法対部長、組織部長、支部長など分会幹部を狙い撃ちしたとも言える第2次待命者13名の発表が行われ、これによって分会はほぼ壊滅に近い状態に追い込まれたのである[54]。

3　職場の変容──サービス残業の登場

　日産では「サービス残業」という言葉がこの時期に出てくる。企業社会の宿痾とも言われるサービス残業という言葉が、この時期出てきていることは興味深い。新しい秩序の形成を予期させる出来事でもあるので、少し詳しく紹介しておこう。

　具体的にサービス残業が問題となったのは1955年1月の戸塚工場である。『ニッサンアッピール』No.39（1955年2月2日）は「サービス残業」を職制から強要されたとして、「小さい事の様だが午后十時迄働かして午后八時以降は『サービス残業』これも強行するとなると問題ぢやないかな」と伝え、次号で以下のようにサービス残業事件に対応したことを伝えている。

「特急作業で夜の十時迄働いて、八時以降はサービス残業で」という事件が戸塚で起った。支部では事後乍ら、事の次第を説いて「二時間のサービス残業を取消せ」と云うささやかな要求を出した。流石に工場もこれを認めて午后十時迄も残業と認めてカードを修正した。要求書をかいたのは分会の支部だったが、無論、新組合の戸塚支部も異見のあろう筈もなく、口頭で同様の趣旨を申入れた由。これが「力」となって会社を後退させたのだと、支部の分会員は喜こんでいる[55]。

　日産分会の記事ではサービス残業の事件を「小さい事」とし、残業代の支払いについて「ささやかな要求」としているが、他方で『クランク』は同じ事件を紙面の半分を使って大きく取り上げている。
　それによれば、1954年の12月頃より「サービス残業」が増えて不満がたまってきたが、「相互信頼のニラミが効いている」ために声が出せない状況が続いてきた。そして1月20日には8名の労働者が夜10時までの残業をさせられ、翌日になって職制から夜8時まで残業には手当を付けるが、あとの2時間はサービスにしてくれと言われたというのである。
　分会の労働者と考えられる2名がこれに異を唱え、分会の職場討議に付され、「この辺でサービス残業を立ち切っておかないと大変な事になる」ということで、支部長が交渉したが職制は「ゴマ化しの返事をするだけ」ということもあって、再度職場討議に付し、文書で申し入れを行った。その結果、会社側は2月3日になって8名の労働者に残業をつけることを認めた。「新組合からも口頭で申し入れがありました」と課長が述べた旨が記されている。
　分会側の『ニッサンアッピール』と『クランク』とも、分会だけでなく、第二組合も動いたこと、そしてそうした「統一」があってこそ会社に対抗できるという点を強調し、統一の大切さを述べている。にもかかわらず、分会と第二組合との取った態度の違いは意識しておいてもよいであろう。「文書」と、「口頭」という会社側への申し入れの程度の強弱だけではない。同期間の第二組合の機関紙やビラに、この出来事がいっさい記されていないのである。
　さて、第二組合が覇権を握るとともに、サービス残業の問題が起るようになったというのは職場秩序のあり様の変化を象徴しているとも考えられる。1953

年争議前に日産分会が精力的に残業規制を行ってきたことは既に先行研究（上井，1994）が示しているところであり、当事者であった益田哲夫も1953年争議以前の職場の残業規制を次のように回想している。

> 残業承認の権限は、完全に職場長の手にうつり、週一回の残業をやるのに、職場長の承認の印がなければ職業命令[ママ]が出せないので、職制の部課長は、職場長、職場委員に苦心さんたんして残業の理由を説明し、承認してもらう。突発的に残業の必要がおこると、部課長は眼の色をかえて職場長をおっかけまわす。（益田，1954, p.6）

職場長の承認なしには残業を実施できないという強力な残業規制がなされていた職場が、第二組合がヘゲモニーを握るとともにその規制力を喪失しているのである。では、どういう経緯で職場から残業を規制する力が喪失していったのだろうか。実は1953年の分裂後間もない頃、第二組合が「二時間残業して一時間サービス」しているという噂が流れていた。日産労組はそれを根拠のないデマであるとして、機関紙上で反駁している[56]。そして「基本的には残業はしない」としたうえで、経営協議会で生産計画を示され、その中で残業計画も提示されていれば、「検討して承認することはできる」という態度であるとしている。そして、「一方的実施」については「不法である」から、「分会以上に厳格に規正[ママ]する方針」であると述べている。

これを具体化した方針が1954年6月15日に開催された日産労組の第2回定期大会の『運動方針書』で述べられている。

> 作業時間
> 我々は定時間内で生産計画を遂行する、此の態度は維持する。
> 止むを得ない残業に付いては月間計画の中で充分検討し、各職場の自主制[ママ]を尊重して週間協定を結ぶ。此の事が共に無駄な残業を無くする原因となる。斯る組合の態度に職制が一方的に残業の問題を処理するならば組合は協定を拒否せざるを得ない。

先の『日産労報』3号の線に沿った方針がより具体化されたものであり、特

に変化はないと見てよい。月間の生産計画で残業時間の検討を行い、それを基に職場レベルで週間協定を結び、この中で組合が認めた残業は問題のないものとして行うという態度である。この枠組みを見るかぎり、分会の残業承認手続（上井，1994，p.39）と類似し、それを踏襲したものとなっている。後年の日産労組の再評価（戸塚・兵藤編，1991）において、残業の職場規制がその重要な例として取り挙げられたが、その規制のあり様はこの時期の方針にまで遡ることができるのである。

ところが、半年後の1954年12月17日に開催された第3回の定期大会の『運動方針書』からは残業規制に関する叙述は消えている。そして期を一にするかのように、この時期ちょうどサービス残業問題がもちあがっているのである。この間に如何なる事情があったのだろうか。

一つは、不況の深刻化による残業問題の消滅である。度々述べてきたように、第2回大会を前後して「デフレ経済」が進展し、自動車の売れ行きも悪化した。会社側は7月と8月について2割減産することとし、そのために操業短縮（週休2日）で、この不況に対応することを組合側に申し入れている[57]。そしてこの週休2日体制が長期化するなかで[58]、当初は土曜休日分の賃金について100％支給であったのが、前述の九項目提案では60％支給へと削られることになったのである。こうした操業短縮などの不況対策措置が労使の課題となり、残業問題も後景に退き組合の課題から外されることになったと考えられるのである。

さらに、この不況対策が実施される中で残業は収入増をもたらす貴重なものとなっていった。戦後の賃金事情において、残業手当が生活費に織り込まれていることは絶えず言われてきたことであるが、この時期、九項目提案実施により実質的な賃下げが行われ、これによって残業はさらなる"稀少財"となったのである。減収部分を補填するために、残業時間を渇望する雰囲気が従業員の間に出てきたといえる。

これを裏づけるように、分会でさえ分会員に「残業や休出をさせない」[59]のは「差別待遇」であると会社の態度を批判している[60]。減産・減収が続くなか、残業手当による賃金補填の必要性が労使双方に認識されるようになっていたのである。こうした認識が上記の残業規制の方針と結びつき、「生活残業」[61]（上

井, 1994, p.184) というその後の労使慣行に結果したと考えられる。
　他方、残業の容認とサービス残業の容認とは異なる話でもある。前者が生活のために必要悪として労働者に受容される可能性があるのに対して、後者は労働者には経済的利得を何らもたらさない。したがって、単に残業容認の論理的延長線上にサービス残業の発生を置くことはできないであろう。ではこの時期、サービス残業の登場を許すような事態として何があったのであろうか。例え消極的であれ、職場でサービス残業を容認するような雰囲気が生まれてきたのは何故だろうか。
　この理由として考えられるものに日産労組が主導して実施した「復興闘争」がある。先の業績悪化に対応して日産労組は「復興闘争」という名の活動を開始した。1954年6月の第2回大会において急遽、以下のような『日産復興闘争宣言』を採択し、組合が主体となった生産販売促進対策を展開し始めたのである。

　　我々は第二回定期大会にあたり、直面する不況に対処して、種々の具体的活動方針を決定し、即時活発な運動を展開せんとするものであるが、事態は緊迫し容易ならぬ状況が想定される。
　　不況に際し、如何にして労働者を、首切り工場閉鎖から守り、その生活を守るかは、焦眉の問題である。
　　我々は最悪の事態に対しても、首切りを出さないためにあらゆる手段を採用し、日産全体として不況を乗切り運動を展開し、経営陣及びその政策として労働者的立場より正しく筋金を入れさせなければならない。
　　我々はこれを日産復興闘争と呼ぶ。
　　我々は第二回定期大会の名において、これを日産の全組合員に訴えその協力を得、所期の目的達成に邁進するものである。[62]

　整理解雇の回避を至上命題とし、組合活動の一環として会社が不況を乗り切るための取り組みを始めたのである。「日産魂」[63]を鼓舞しながら、企業業績の回復につながりそうな諸施策の実施を組合として進めているのである。「精神復興」として日産車以外のタクシーには乗らないように訴えかけた他に、生産性

向上やコスト削減策のための現場改善などが奨励され、実施された。

　　B職場では、不良品減少のため、課長以下の職制と、職場長及委員が、定時後残つて三時間も協議した、今までスクラップとして捨てていた材料をこの際、勿体ないから捨てないで、別の用途に工夫して使う様に定めた。[64]

　重要なことは「復興闘争」を媒介にして、時間外の改善活動が組合活動として実施されていたことであろう。不良品減少やコスト削減のための改善活動、本来ならばこれは会社の業務として行われるべき活動であろうが、しかし就業時間外に組合の活動として実施されているのである。日産では会社の活動として「提案制度」が導入されるのは1955年6月[65]であるが、それに先だつ1年前に既に組合の活動として実質的な改善活動が始まっていたのである。

　これは復興闘争を契機に、会社の業務と組合の活動とが融合・癒着するようになったことを意味しており、この論理的延長線上にサービス残業を許容する考え方が成立する。企業の業績改善のために行う組合員としての無償の活動と、労働者として行う対価を伴う労働を峻別することが難しくなるからである。この癒着の結果として、日産労組はサービス残業には厳しい態度で臨むとした当初の姿勢を弛緩せしめることになったと考えられないであろうか。

　戸塚のサービス残業問題からほぼ1年たった1955年12月20日の『日産アピール』No.63には、「無償残業に文句を云つた横浜工場の○○君の諭旨退職」という文言が見られる。さすがにサービス残業に文句を言ったことが懲戒の直接的な事由として成りたつとは考えられず、誇張された表現であろう。しかしサービス残業を拒否することがますます難しくなった職場の雰囲気を端的に伝えているともいえるのである。

4　小括

　1954年の全自解散前後、会社は日産労組とともに日産分会の解体、分会員の

会社からの排除を進めた。会社側の待命制度はその際たるものであったし、また日産労組と会社のユニオン・ショップ協定がもう一つの手段となった。前者が分会活動家を標的としたのに対して、後者は日産労組内の分会通牒者もしくはシンパを狙ったものであった。

待命制度は、会社側がいみじくも懲戒処分や整理解雇でもないと主張したように、まさに会社側にとっての「異常人」を排除するための政治的な制度であった。企業の方針に反対する労働者を有無を言わせずに解雇することができる制度として、その後の日産従業員に重くのしかかることになった。当時の分会側のビラやチラシの中に職制に対して何か文句を言うと「待命だ」と脅かされるという記事が出てくる。これは誇張された事実であろうか。日産労組の『運動方針案』(1954年12月17日)にさえ「待命その他で職場が暗く、自由に意見を述べる勇気がなく」なる恐れがあるために「職場の明朗化をはかること」が組織活動の強化対策の一つとして掲げられているのだ。恣意的な解雇を容易に実施できる制度が成立したことにより、労働者に自由にモノを言わせない体制が確立したことになろう。

他方で、日産労組による組合員締めつけも厳しさを増していく。この時期、日産労組は数的には分会を圧倒していたにもかかわらず、内部に不満や批判を持つ組合員を少なからず抱えており、彼らが分会と結びつくことを恐れたのである。実際、一時金の配分をめぐる決定が明らかにしているように、1954年末の時点では日産労組の執行部は完全に組合員を統御できていたわけではないのである。これを克服するために実施されたのが、分会ビラの受け取り禁止を端緒とする分会遮断政策であり、これによって日産労組内部で民主主義を堅持していくという姿勢が喪失する。「獅子身中の虫」を排除しなければならないとして、組織点検を進め、分会シンパの炙り出しをはかる。自由な会話や意見表明は難しくなり、組合民主主義が掘り崩されていくことになった。さらに、分会員に対しては「村八分」といった形での攻撃が先鋭化していくのである。

組合の民主化、少数意見の尊重を謳いながら登場した第二組合が、言論封殺を招くような施策を実施したことは皮肉である。組合員の民主的な権利を蹂躙したうえに成り立つ秩序、これが高度成長期前夜の日産において確立された秩

序であったのである。そして、1954年の不況をも媒介としながら、サービス残業を許容しかねないような職場の雰囲気に結実していくのである。

　むろん、本章で示した新秩序はネガティブな側面でしかない。経営側、第二組合側が提起した積極的な新秩序、すなわち彼らが目指す新しい職場のあり様を検討したわけではない。この意味で、話はまだ半分である。しかし、積極的な新しい秩序といえども、過去の秩序からの脱却の仕方と無関係ではありえない。いかなる手段で過去の秩序を清算したかが、その後の秩序の質を規定することになるのである。この意味で、全自解散前後の日産の労使関係の動向は、後年「全体主義」的とまで言われた第二組合支配下の日産の職場秩序の誕生を意味していたのである。

注
1) 全自解散の引きがねともなった日産分会の借金返済問題はよく知られた事実なのでここでは論じる対象とはしない。この点については労働省（1955b）、熊谷・嵯峨（1983）、日産労連（1992c）などを参照のこと。
2) 熊谷・嵯峨（1983）は全自いすゞ分会所属で全自本部の中央執行委員であった熊谷徳一氏が当該部分について執筆している。日産分会にとっては部外者ということもあり、当該時期の記述はわずか2頁（p.p.300〜302）たらずであり資料等が大幅に欠落しているなかで執筆が困難であったことを窺わせる。他方、飯島（1993）は日産分会の執行委員を経験し、最終的には1956年の待命（後述）で日産を追放されることになった飯島光孝氏の体験を記憶を基にして記されたものである。あえて「創作」としている点は、「記憶の定かでない部分は、あり得たはずのことを創出」したということであり、そのほうが当該部分を除外するよりも「事実に近い」ものとなると考えたからだとしている（p.p.346〜347）。当事者の記録として重要な意味を持った個人史となっている。
3) 例えば、熊谷・嵯峨（1983）は日産分会解散を1955年末とする誤りを犯している。
4) 例えば、千葉（1998, p.146）の同書への言及を参照のこと。
5) 代表的な研究として山本（1981）、嵯峨（1984）、黒田（1984ab, 1986）、上井（1994）などを挙げることができよう。この中には日産や日産分会等を匿名化して記述している研究もあるが、ここでは匿名化された表記とその対象が確実に一致する限りにおいて一括して実名で記述する。
6) 神奈川地労委事務局（1958, p.112）では「七,五〇〇名中四,〇〇〇名の者が第一組合

に復帰する気運が高まつてきた」としている。
7) Kenney and Florida (1988 = 1993) は「レイオフと解雇」が「長く激烈なストライキ」を引き起した例として1953年の日産争議に言及しているが、実際には日産争議は解雇やレイオフから始まった争議ではないことは付言しておいてよいであろう。
8) 『クランク』の発行者としては、「日産ひさご会」、「日産の仲間」、「日産の仲間の会」が用いられるか、もしくは無記名となっている。なお日産労組は『クランク』を分会内共産党系のグループ（統一委員会）が発行していたとしている（日産労組『旧日産分会白書』1956年7月, p.4）。この点については『クランク』の編集長でもあった浜賀氏が事実であると認めている。
9) 日産分会『ニッサンアッピール』No.33, 1954年12月7日。
10) 全自解散の合法性への疑念とは、全自の規約には解散に関する規定が存せず、したがって労働組合法第10条により解散には代議員会の4分の3以上の賛成が必要となるが、大会出席代議員の過半数で決めたのは問題だということである（日産分会『ニッサンアッピール』No.33, 1954年12月7日）。
11) 日産分会組合長益田哲夫「掲示板使用停止撤回の申入の件」（労庶発第34号）より再引用。
12) なお日産労組『復興ニュース』No.29（1955年1月20日）において、分会は「一時『日産労組』とつけたが諸官庁では全然認められていない」という記述がある。この諸官庁が何を指すのかが不明だが、もし神奈川地労委であるとすれば分会側の主張と全く異なっていることになる。既に述べたように、1955年1月11日に会社側に提出された労庶発第33号では、1月5日の地労委の審査決定に沿って出されたと考えられる。そうしないと会社側に対応しない口実を与えることになりかねないからだ。また実際に分会は会社のこの弾圧を不当労働行為だとして神奈川地労委に追加提訴している。これを受けて同年1月19日に実施された地労委の調査の模様が日産分会『ニッサンアッピール』No.40（1955年2月9日）に記されており、その中で地労委の審査委員長が「組合の名称の変更のことですが、地労委では資格ありと決定して通知している」と発言したとある。したがって、第二組合のいう「諸官庁」が何を指しているのかは不明である。
13) 第二組合も、分会の名称変更をめぐって「会社には組合なら組合員名簿を出すべきなのに紙切れ一つ出していない（もらいに行つて益田にどやされたそうです、会社も相手にして行くからいけない）」（日産労組『復興ニュース』No.29, 1955年1月20日）と述べ、分会の対応のまずさを示唆している。
14) 日産労組『第三回定期大会提出議案運動方針書』1954年12月17日 p.21。
15) 日産労組『復興ニュース』No.29,1955年1月20日。
16) 日産労組『第三回定期大会提出議案運動方針書』1954年12月17日 p.19。

17) 日産労組『復興ニュース』No.29, 1955年1月20日。
18) 日産分会『ニッサンアッピール』No.43, 1955年3月2日。
19) 日産労組『復興ニュース』No.31（1955年1月31日）、No.32（1955年2月3日）など。
20) 日産自動車労働組合準備会発起人一同によって記された『結成趣意書』（1953年8月31日）には次のように書かれている。
　　民主主義は多数決の原理によって運営されていることは勿論であるが、他方少数者に対する寛容の精神が要請されている。若し多数によって決定されたことが、情勢判断に誤りが生じたる場合には直ちに先の少数者の建設的意見を積極的に採り上げ討議すべきである。
21) 益田哲夫名で横浜地方法務局に提出された『人権蹂躙申告書』（1955年10月20日）は、職場決議をあげた個々の職場名を記し「村八分」の実態を告発している。
22) 日産労組側のデータによると1954年12月8日現在で、日産労組所属者6654名、日産労組加入を申し入れているが保留されている者107名、分会残留者464名、どちらの組合にも所属していない中立が76名となっている（日産自動車労働組合『第三回定期大会提出議案運動方針書』1954年12月17日）。
23) 「デマ」ということで付言しておくならば、第二組合執行部が「荒唐無稽な宣伝」（労働省，1955, p.868）を行っていたことは記憶に留めておいてよいであろう。例えば、分会は53年の闘争中に中国共産党から麻薬をもらい、これを売って金にしていたなどである。分会は悪質なデマとして刑事告訴したが、第二組合側が起した刑事告訴との関係で、後日告訴を取り下げている（日産分会『ニッサンアッピール』No.55, 1955年7月6日）。
24) 日産労組は「一時金」とせず、「賞与」と表現している。
25) 日産労組『復興ニュース』No.14, 1954年11月1日。
26) 1954年12月8日時点で日産労組の総数は6654名。その内訳は横浜3304名、吉原1463名、鶴見758名、厚木428名、東京製鋼所364名、新橋150名、戸塚138名、大阪116名、名古屋・平塚11名となっている。
27) 日産労組『復興ニュース』No.23, 1954年12月6日。
28) 日産分会『日産アッピール』No.32, 1954年12月6日。
29) 日産分会『日産アッピール』No.35, 1954年12月20日。
30) 日産分会『日産アッピール』No.32, 1954年12月6日。
31) 日産労組『復興ニュース』No.21, 1954年11月29日。
32) 日産労組が会社と協定し、「組合費控除」（所謂、チェック・オフ）が実施されるのは1955年4月からである（日産分会『ニッサンアッピール』No.47, 1955年3月30日）。
33) 日産労組『復興ニュース』No.37, 1955年2月21日。
34) 日産労組『復興ニュース』No.62, 1955年8月13日。

35) 浜賀知彦氏からの聞き取りによれば、「大会」とはいっても意思決定を行う全員大会というよりも、実質的には「報告集会」のようなものであったとのことである。
36) この「グループ活動」は「職場グループ活動」と呼ばれることもある。
37) 以上の活動については、全自日産分会『これからの行動について』(1954年10月12日)に基づく。
38) 日産分会『日産アッピール』No.35, 1954年12月16日。
39) 日産労組『復興ニュース』No.41, 1955年3月19日。
40) 管見する限り、日産における待命制度について言及した文献は神奈川地評 (1983) および飯島 (1993) などに限られる。
41) 日産分会『ニッサンアッピール』No.27, 1954年11月1日。
42) 日産労組『復興ニュース』No.14, 1954年11月1日。
43) 日産労組『復興ニュース』No.16, 1954年11月8日。
44) 日産分会『ニッサンアッピール』No.21 (1954年11月20日) 及日産労組『復興ニュース』No.16 (1954年11月8日)。
45) 日産分会『日産旗』1954年11月27日。
46) 全自動車日産分会『情勢について』1954年10月29日。
47) 日産分会『ニッサンアッピール』No.21, 1954年11月20日。
48) 日産労組『復興ニュース』No.17, 1954年11月11日。
49) 日産労組『復興ニュース』No.19, 1954年11月19日。
50) 日産労組『復興ニュース』No.22, 1954年12月3日。
51) 日産労組『復興ニュース』No.5, 1954年8月16日。
52) 日産労組『復興ニュース』No.16, 1954年11月8日。
53) 日産労組『復興ニュース』No.22, 1954年12月3日。
54) 待命通告の期日は神奈川地労委 (1958, p.72) に依った。また待命通告を受けた組合幹部の役職名は日産分会『日産アッピール』号外 (発行年月日不詳) に依った。
55) 日産分会『ニッサンアッピール』No.40, 1955年2月9日。
56) 日産労組『日産労報』第3号 1953年10月11日。
57) 日産分会『日産アッピール』No.11, 1954年7月2日。
58) 週6日制に復帰するのは翌年4月21日まで待たねばならなかった (日産労組『復興ニュース』No.47, 1955年4月23日)。
59) 日産分会『ニッサンアッピール』No.38, 1955年1月26日。
60) 日産分会『ニッサンアッピール』No.44, 1955年3月9日。なお日産においてはその後も残業時間の配分が、組合差別の手段として用いられた。プリンス自動車合併後、日産労組に合流しなかった少数派組合、全金プリンス支部は残業について差別されているとの訴えを起し、最高裁で不当労働行為に該当すると判断されている (上井, 1994,

p.181）。

61) 塩路体制下の日産では、月次の生産計画において予め合意した残業時間を「枠内」残業と呼ぶ。この枠内残業は、労働者にとってスケジュール的にも金銭的にも織り込み済みのものとなるので、例え残業を実施する必要がなくなっても必ず実施されなければならないものであった。この不必要となったにもかかわらず、実施される枠内残業のことを「生活残業」と言う（上井，1994，p.183～184）。
62) 日産労組『日産復興闘争宣言』1954年6月15日。
63) 日産労組『復興ニュース』No.7, 1954年9月15日。
64) 日産労組『日産復興闘争中間白書』1954年8月21日。
65) 日産自動車株式会社人事部『かいせつ提案制度』1955年6月1日。

第8章
結　語

　本書において確認してきたことをまとめると以下のようになろう。全自が賃金原則を確立するにあたって有していた問題意識は、ベース賃金（平均賃金）の引き上げをめぐって進められてきた賃上闘争が、個別の労働者に対する賃金の配分という視点を欠いたものであり、この配分規制の欠如が生活保障を柱とした電産型賃金の変質を促しているというものだった。すなわち査定によって決まる部分についての規制の必要性を認識し、このためプロトタイプでは電産型賃金における能力給部分を、同一労働同一賃金で規制するとしていた。最終的な賃金原則においては、目指すべき賃金の形が併存給ではなく単一型となったため、査定部分の規制という意図がわかりにくくなったが、しかし同一労働同一賃金を謳った第二原則にその趣旨が受け継がれている。同一労働同一賃金という新たな労働者の賃金の配分原理を定めることによって、経営側の恣意的配分を規制し、この意味で経営サイドによる一方的な査定に象徴されるような人事権を蚕食することにその本旨があったのだ。
　この実現に向けて提起されたのが六本柱の賃金（日産分会では七本柱）であった。これを掲げた賃上闘争を遂行することで、賃金原則の実現化への取り組みを開始した。多くの論者が前提してきたように、これを全自が目指した賃金制度もしくは賃金体系として見るとすれば、それは間違っている。すなわち熟練度を経験年数のみで表示した六本柱の賃金が含意していたことは、一つには業種別（職種別）の賃金格差にまで踏み込むことができなかったという過渡性の表現であったし、他方でそれが賃金体系の要求ではなく、最低限獲得すべき賃金額が示されたものでしかなかったということである。

さらに同一労働同一賃金論とのかかわりでは、次の二つの点が指摘できよう。一つは、同一職場で同じ年齢であっても、上司による一方的・恣意的査定や入社年の違いによって大きな差がついていた。これを経験年数という観点から是正していこうというものであった。経験年数から是正するだけでも充分にその効果が期待できたということであり、是正の第一歩としての意義を持っていたということである。そして1952年秋の日産における賃上闘争は、査定なしの一律昇給および基本給部分の経験年数に基づいた是正という成果をもたらし、この方向性での歩みを確かに進める成果となった。

　もう一つは、異なる職場や職種における格差付けについては、積極的に踏み込まなかったことである。これには一方で、それぞれの職場の状況に応じて賃金を積み上げさせ、労働者らしい格差のあり方を模索するという意図があった。こうした仕事に応じた賃金を求める意識は、職場においては1952年夏のプレミアム闘争によっても顕在化していた。各職場においては仕事に対応する賃金をという問題意識が醸成されていたのであり、こうした観点から各職場の要求を積み上げていけば、結果として労働者らしい格差が出来上がるのではないかという期待があったのである。しかし、これは次のような理由から頓挫した。

　すなわち、あまりに具体的な制度設計にまで組合が手をつけない方がよいという判断である。組合側が細かな制度設計にまで踏むと、会社に都合の良いように利用され組合分裂を招きかねないという危惧があった。このため、経営側に作らせて、それを叩くという方向性をとったのである。

　さて、1952年秋の賃上闘争では組合による配分規制について有効な批判を行いえなかった経営側だが、翌年には態勢を整え、経験年数準拠の最低賃金表までしか出せなかった全自の賃金要求を年齢給にデフォルメして、その批判に転じる。この批判には年齢に基づいた処遇原理に不満を有する労働者の引き付けを狙うという意図があるとともに、労働者間の適正な格差付けを行いえるのは組合ではなく、会社であるとするものでもあった。どちらの処遇原理がより望ましいのか、労働者側での選択を迫っているかのようである。これに比べ、経営者に向けて書かれた日経連の批判はより露骨である。全自の賃金政策を「人事権を否定するもの」として批判し、会社側の人事権の不可侵性を脅かすもの

として打破する必要性を訴えかけているのである。

このように1952年以降の日産における労使対立の状況を、賃金原則を柱として見たときに確認できるのは、1950年代前半になって、昇給額の経営側の恣意的配分によって電産型賃金がなし崩し的に瓦解していることに対応する形で、組合が賃金の決め方を示すことで人事考課に象徴される会社側の人事権を積極的に蚕食していこうとする動きを見せたことということになろう。総額賃金の個々人への配分について組合が規制するために、同一労働同一賃金を掲げ、仕事に基づく公平性を担保させるとともに、査定規制がなされたのである。

経営側からすれば、上井（1994）が明らかにした組合による職場規制の排斥とならんで、組合による人事権の蚕食を食い止め、その不可侵性を確立することが1953年の日産争議のもう一つの大きな争点であった。会社側の従業員統制の基盤さえをも失いかねないという点では、より重要な課題であったとも言える。これを脅かす組合との妥協は許されないこととして認識されたのである。

こうした見解は、第二組合の賃金政策との比較によっても支持される。大争議を契機に分裂して誕生した日産労組からは査定規制という問題は消失し、会社側が実施する査定による昇給について特に異議を唱えることなく承認している。日産労組の賃金四原則は同一労働同一賃金を謳いながらも、職務間の格付けのみがその問題意識であって、そこには賃金に対する権力的な対抗関係（管理のための賃金という批判的視点）を見い出すことはできない。同一労働同一賃金の問題から会社と労働者というタテの関係性を欠如させ、ただ異種労働異率賃金という観点から労働者間の関係における序列の必要性を謳ったものとなっていた。その上で会社による査定が前提となる賃金思想が提示されていたのである。それどころか、賞与決定における査定部分の拡大を提案したことから看取できるように、第二組合の賃金政策は査定に非常に親和的なスタンスをとったと考えてよい。

第二組合が覇権を確立した後にサービス残業問題が生起していることを勘案すると、全自の頃の職場規制の力がそのまま第二組合に引き継がれたとは思えないが、それでも第二組合が協調的職場規制と形を変えてその規制を存続させていたのに対して、組合による人事権の蚕食は次の時代には引き継がれること

はなかったのである。「相互信頼」というキャッチフレーズのなかで棄却されていったのは査定を象徴とするような人事権に対する規制である。

　1953年の日産争議へと帰結していった一連の経緯を、会社側と組合による人事権の争奪をめぐる出来事として総括したときに、それが後の時代に含意していたことは何であろうか。現時点では限られた資料しかないために、ここでは仮説的に展開し、具体的な検証は今後の課題とする形で提示しておきたい。

　経営側による人事権の確立は、個々の労働者の処遇を最終的に決することになる査定の比重の増加と、経営側のフリーハンドの確立を意味している。そして、査定を基軸として構成される人事制度の萌芽をそこに確認することができる。すなわち企業内における教育・訓練、職務への配属、配置転換、昇進、賞与等、処遇にかかわる全ての領域で経営側の査定を柱に据えた人事が構想されているのである。ただしかし、査定を人事処遇全般において積極的に活用していくと主張する場合、新たな査定の原理を明確に示しておかなければならない。何を評価の対象とするのか、その着眼点を明示しないと、査定される側から恣意性を危惧する声も出てきかねない。恣意性への懸念を払拭できずにいたのでは、経営側は信頼を得ることも難しくなるし、また効率的経営への阻害ともなりかねない。新たな処遇の軸となる原理が表明されなければならない。

　全自の処遇の原理が「年令」になっているとして批判した経営側が、全自を制圧した後にうち出した原理は、職務とそれに対応した能力を軸とした「適正配置」[1]であった。「職務分析」と「人事考課」を新しい人事制度の柱に据えて、仕事と人のベスト・マッチングを達成することが新しい人事管理の柱とされた。そして、この人事考課は「能力考課」と「成績考課」からなるとして、職務に見合った能力と職務を充分に遂行したかどうかが、人事考課の対象となるとしているのである[2]。

　職務分析に対応する形で、人の側ではその能力を軸に据えた人事考課が表明されている。第二組合の賃金四原則の中でも確認したが、人事処遇において能力を主軸とする考え方が、この時期に登場してきているのである。当然、それは後年の能力主義管理と同じ発想に立つということはできないが、能力に応じた職務への配置が新しい人事制度の骨子であるとされ、人事考課はこれを支え

る「最も大切な面を持つ」[3]ものとして提示されているのである。また、能力に応じた職務への配置の困難さが既に認識されており、「ある職務を遂行する能力のある者で、それを希望する人の数は、職務の数より多いことが普通です。これは必ずしも不適性配置とは云えないもので、寧ろ昇進候補者として當然存在するものです。従つて欠員が出たとき、その中から誰を選ぶかについては、人事上の最も重要なことです」[4]とし、人々に「チャンスの公平」を与えるような制度を例示し[5]、こうしたチャンスの公平の上に「優秀な人の抜擢」が可能となる仕組の必要性を主張している。

　職務を軸とした米国型の経営組織を範とする近代化の導入は、ただその模倣のみにとどまったわけではなく、人の扱いにおける能力の重視を伴うものとして表明されている。米国においては公平性の確保という観点から職務分析が発展してきた（大野、2002）。この意味では仕事を介した公平性が求められてきた。同じ仕事であれば同一の賃金、異なる仕事の賃金格差は職務分析・職務評価の結果に従うということである。

　しかし、この時期の日産が出した公平性の基準は、職務概念を媒介とした能力であった。職務概念に反照する形で浮き彫りにされてきた能力の概念が、人事処遇の柱として喧伝されているのである。会社側による人事権のフリーハンドの確立とともに、能力主義的な言説が新しい人事管理を支配する原理として登場し、その正当性を担うことになったのである。しかも職務と能力との間の乖離も認識されつつあったが、その解決の軸は能力の側に重きをおいていたということになる。

　全自の目指した道筋が、仕事を通した公平な処遇であり、仕事に関する要素の客観化を進めるなかで経営側の恣意が入ってくることを食い止めようとしたのに対して、会社側の新人事制度の方針では仕事に関する要素を能力概念へと回収することで、経営側の人事考課を正当化するとともに、従業員に対する処遇において経営側の恣意が入り込む余地を確保することができたのである。公平性の問題を仕事ではなく人（能力）の側に引き寄せて解決しようとしていた。

　ここに能力主義的人事管理へとつらなる発想の原型を見い出すこともできようが、それには会社側の人事権や査定を規制しようとする組合を徹底して排除

することが伴っていたことも忘れることはできない。1950年代前半の日産においては、人事考課を介して能力をめぐる競走を促そうとする人事制度の構想が、企業による一方的な人事考課を峻拒する勢力の排除を随伴しながら登場してきた。この排除のうえに立つ競走を促す舞台装置の登場に、企業社会的秩序の淵源を重ね合わすことができるのではなかろうか。

　最後に、全自および日産分会について付け加えておきたいことがある。高々と掲げた理念や職場闘争の激しさとは逆に、会社側との交渉・妥結のプロセスにおいて、日産分会は極めて改良主義的、あるいは漸進的な態度を取っていたことである。全自およびその日産分会が過激で破壊的な闘争を行うというイメージがあるとすれば、それは一面的な理解であろう。同時代の新聞も全自の益田哲夫を評して次のように述べている。

　　彼には「冷い(ママ)」という批評がある。他労組とはじめた共同闘争の途中で、全自の力
　　の限界を越えると見るや、平然と手をひいて傍観する、というのである。…中略…
　　全自としても、個人としても、決して力の限界をふみ越さない彼の理性が、時に冷い(ママ)
　　印象を与えることはあるようだ。[6)]

　このことは、本書で取り扱った事例からも読み取れる。当初立てた原則に則って、幾分かでも取れるところがあれば、会社側と思い切った妥協をすることを決して厭わなかった。そしてそれを足掛りにして、次期の要求課題を構築するという態度をとった。

　日産分会の1952年の賃金闘争は、基本給決定原理の明確化を求め、それを熟練度に基づく賃金への組み替えを目標としていた。そのため配分で問題となる定期昇給での解決を拒絶していた。しかし現実の交渉プロセスにおいては、定期昇給込みでの解決もやむなしとし、その中で人事考課を規制するという方針へと転換した。それは労働組合からする経営側のフリーハンドな査定への対抗の最初の一歩であった。そして、第一歩でしかないということは十分認識されていたのであろう。首尾よく査定なしの一律昇給という形に持ち込めたとき、「特に成績優秀な者」への加給については妥協し、その対象の選別については会

社側に委ねたのである。

　しかし、その加給を経営側のフリーハンドに委ねたことは、すぐさま反省され、次期の賃上闘争の課題として再度取り上げられることになる。加給部分については「能力加給」として再度位置付け直したうえで、組合として望ましい査定項目を提示して、そのあるべき姿を追求しようとしていたのである。

　一旦は大胆な妥協を行う。しかし、その妥協した項目を足掛かりに、次回の闘争の課題を再度設定し直し、理想へと漸進的な歩みを続けていく。かような終りなき交渉プロセスはタフさを要求する。経営側にとってはシシュフォスの罰のごときにも感じられたであろう。その経営側が、次年の争議においては総資本の総意の下に一切の妥協を排した時、分会は一挙に瓦解への途を歩むこととなった。その一因には、こうした闘争スタイルを許さないとした経営側の方針転換を、過去の成功経験のために読み切れなかったこともあったのかもしれない。

注
1)　「あなたの仕事・賃金は妥当か」日産『ニッサンニュース』1954年10月号。
2)　「あなたの仕事・賃金は妥当か」日産『ニッサンニュース』1954年10月号。
3)　「新しい人事管理解説シリーズその六人事考課」日産『ニッサンニュース』1955年3月号。
4)　「新しい人事管理解説シリーズその七職務と技能」日産『ニッサンニュース』1955年4月号。
5)　ただし、そこに会社としてはどのようにして「誰を選ぶのか」という原則は示されておらず、色々な原則や方法があるが、米国流の「先任権」、「昇進は内部から」、「候補者名簿順位制度等」が「チャンスの公平」を促す制度として例示されているだけである。
6)　「組織と人（7）全自動車限界を越さぬ"教授"委員長益田哲夫氏」『朝日新聞』1952年7月。

付　録

全自日産分会関連年表

　本年表は「シンポジューム全自日産争議」(2003年4月26日於横浜市立大学)で配布した資料の一部として作成されたものである。1953年争議を扱ったシンポジュームでの資料という性格上、1953年争議の記述が細かく、それ以前の項目が手薄となっているが、本書では1953年争議を扱うことができなかったので、この点を補うものとして再掲することにした。なお再掲にあたっては、本書の内容に関する事項や新たに判明したことについて補足・修正するとともに、1953年争議に関して瑣末だと考えられる事項を大幅に削除した。

月　日	動　き
1946年	
1月15日	工員が組合結成決起集会を開催。この後、社工員合同の組合設立準備委員会の結成。
2月19日	日産重工業従業員組合（以下従組と略す）結成大会。
2月21日	従組、プール制と物価スライディング方式を取り入れた賃金制度などを要求した要望書の提出。
2月26日	会社側、従組の要望を原則的に承認。
8月9日	会社と従組との間で労働協約、労働協議会規約を締結。
11月8日	トヨタコロモ労組、総会で全日本機器への加入を保留し、自動車単産の結成の方針を決定。
10月25～26日	全日本機器労働組合、結成大会。従組参加。
11月23～24日	自動車労組結成懇談会。
12月5日	全日本自動車産業労働組合関東地区協議会準備会が結成される。
1947年	
1月13日	全日本自動車産業労働組合東日本地区協議会が結成される。
3月2日	従組、身分制撤廃に伴う給与制度（新基本給制度と諸手当）を要求。基本給部分について査定委員会を設置し査定を開始。

月　日	動　き
3月31日	従組、全日本機器を脱退。
4月10～11日	全日本自動車産業労組準備会、結成。
4月13日	全日本自動車産業労組準備会神奈川支部が結成される。
4月23日	従組、組合規約を大幅に改正し、日産重工業労働組合（以下組合と略す）と改称。
5月16日	基本給の査定方打ち切りを会社側に申し入れ。
5月29日	組合代議員会で、会社側提案の基本給案の受け入れを承認。6月の給与より社工員月給制へ。
1948年	
2月24日	会社と組合、労働協約の改訂。
3月25～27日	全日本自動車産業労働組合（以下全自と略す）の単一結成大会。
3月27日	初のストライキを実施。
4月1日	組合、組合規約、闘争規定、役員選挙細則を改正。
1949年	
5月5日	組合、プレミアム制度に合意。
8月1日	組合、本格的な残業規制の開始。
10月5日	会社、2000人の人員整理、賃金1割切下げを提案。
10月7日	会社、労働協約破棄通告。
10月13日	組合、1日スト決行。「全員総辞職」とりまとめ決定。
10月18～19日	会社、臨時休業。
11月2日	組合、総辞職決行の委任投票を実施し、96.5％の賛成を得る。
11月28日	会社と分会、交渉妥結。1826人の指名解雇を認める覚書仮調印。
11月30日	分会、無記名投票で「覚書」調印に76.3％の支持を得る。
1950年	
3月	人事考課制度を導入。
11月14日	会社、7名に対して緊急人員整理（レッドパージ）を通告し、翌日に実施。
11月	組合、全自日産自動車分会（以下、分会）と改称。
1951年	
7月7日	会社側、就業時間中の組合活動をノーペイとする「組合集会及び動員に関する覚書」の会社案を分会に提案（所謂「七夕提案」）。
1952年	
2月	総評、「賃金綱領」発表。
6月17～18日	分会定期大会で、間接部門がプレミアム賃金への不満から独自に特別一時金の動議を提出。
7月12日	会社側、プレミアム賃金の改革を約するとともに、間接部門に対して特別一時金を支払うことで妥結。
7～8月	各工場でプレミアム闘争が始まる。

月　日	動　き
8月7〜8日	全自定例中央執行委員会。賃金原則の発表。
10月3日	分会、第14回定期大会。分会は七本柱の賃金を要求することが決まる。
10月8〜10日[1]	全自、臨時大会を開催し、総評加盟や六本柱の賃金などを付した「秋期賃上闘争基本方針」を決定。
10月25日	分会、会社に対し七本柱の賃金など10項目からなる要求書を提出。
10月30日	会社側、分会の要求全面拒否の回答。
11月10日	第5回団交。昇給における人事考課の問題が議論される。また会社側が新しい賃金制度を立案中であることを伝える。
11月14日	会社側、新しい賃金制度案の概略を分会に説明。
11月25日	総評評議員会、全自の総評加盟を承認。
11月27日	分会、24時間ストの決行。
11月30日	分会、無期限スト突入を回避。
12月9日	分会、19回の団交を経て会社回答で妥結。
1953年	
1月1日	分会、『日産旗旬報』で「未完成闘争の芽をのばせ」として主要三課題を設定：「家族を含めての生活安定、独身者の生活保障、臨時工の生活安定。これをマーケット・バスケット方式で闘うこと」「大中小企業の無条件共闘」「賃金決定の民主化」。
1月4日	浅原源七社長の年頭挨拶「昨年は労働争議に明けくれたが、これではいけない。要求をいれるべきはいれ、拒否すべきはけって行く方針だが、もっと真剣にならなければならない情勢だ」。
1月頃	全自益田委員長が健康上の理由により退任、日産分会へ復帰。
2月	部長を対象にMTP講習会をもちはじめる。
2月中旬	分会役員改選。批判勢力が「益田委員長の落選策動」。
3月18日	分会、益田執行部発足。「臨時工」「特別作業手当」「プレミアム」「職制・人事」「文化体育費」など5項目の職場要求[2]を会社に申し入れ。
3月28日	会社側、分会の申し入れに回答。
3月31日	第1回の団交[3]：臨時工の本採用へ66人の追加要求、プレミアムの問題点追及。
4月4日	全自、第6回定期大会。賃金闘争（「三原則、ベース賃金打破」）、完全雇用の闘い、産業復興、平和闘争の基本目標などを決める。
4月25〜26日	全自、第4回定例中執で統一闘争の目標を設定。
5月14日	会社、分会に対して3月18日の要求については会社回答の線で了承することを求める回答文書を発する。
5月18日	合同生産会議[4]の席上、浅原社長から課長の非組合員化について口頭で申し入れ。 課長会、課長の非組合員化の検討を要請する文書を分会に提出。
5月19日	会社側、課長の非組合員化について文書で申し入れ。

月　日	動　き
5月21～22日	分会、第15回定期大会を開催。 八項目の要求内容を決定（賛成170、反対36）。 1賃上げに関する組合の最低要求、2退職金制度に関する要求、3一時金、4臨時工に関し本採用追加の要求、その他、5作業服支給に関する要求、6結核性疾患の休職期間延長及び保証額増額要求、7身体障害者の通勤取り扱いに関する要求、8文化体育費増額に関する要求再確認の件。 （トヨタ分会、5月20日の大会で決定し、21日要求提出。いすゞ分会、21日の大会で決定し、22日要求提出。回答指定は三社共闘の線でいずれも26日と定められた。）
5月23日	分会、大会で決定した8項目の要求を会社側に提出[5]。回答期限を26日に設定。 分会、課長非組合員化の意思決定を保留する回答。
5月26日	会社側、「組合の要求はあまりに膨大なのですぐには回答できない。従って具体的な回答日、交渉の日時は追って通知する。」と回答。トヨタ、いすゞも回答拒否。
6月3日	三社共闘、「三社共闘は合理化反対闘争の線で統一されなければならない」とした上で、6月15日以降の三社の統一行動としてストライキ闘争を実行できるよう準備。
6月4日	会社側、文書で全面拒否回答を行ったうえで、第1回団体交渉。交渉では「課長の非組合員化問題」と「七夕提案」で激突。 この時期（6月5日以降）、時間内の職場大会が団交報告という形で次々と開かれる。
6月6日	課長会、非組合員化を再度分会に申し入れ。
6月8日	会社、組合活動による不就業の記録開始[6]。
6月10日	第2回団交。分会側、「七夕提案」に対しては「回答できない」、非組合員化問題についても「七月か八月頃の大会で」としたが、会社側は拒否。 この日より、従業員向けの会社側宣伝が10日ごとに郵便で送付される。
6月11日	第3回団体交渉。分会の要求する賃金は常識外れであるなどとする社長による会社見解の提示。また会社側から新たに6月8日以降のノーワーク・ノーペイ、構内でのビラ掲示の禁止が申し入れられる。さらに社長名による文書を全社員に配布する旨の申し入れ。
6月13日	会社側、「今後は不就業時間の賃金控除を行う」旨を分会に申し入れ。
6月14日	三社共闘、残業拒否、組合活動に対する賃金一方的カットに反対、15日以降のスト体制の確認。
6月18日	会社、「就業時間中の組合活動の取扱いにかんする件」の通達を発する。 第5回団体交渉。職場代表200名が団交場所に集結。

月　日	動　　き
6月19日	分会側、文書で会社に申し入れ：七夕提案の撤回、6月22日までの一時金の中身の発表、その他組合要求についての全面拒否の態度の撤回。
6月20日	分会、ストライキ指令権投票（無記名、全員投票）。結果は、賛成率83％で承認。
6月21日	三社共闘、「賃金差引業務の拒否」（不就業時間記録の停止要求）を指示した「指令第1号」を発した。
6月22日	会社側、「組合側のビラの撤去を求める仮処分」を横浜地裁に申請。組合活動賃金差引反対闘争激化。吉原工場では不就業時間記録をめぐりいざこざ。
6月23日	大半の課長が分会に脱退届を提出。
6月25日	会社側、分会に課長の非組合員としての扱いを通知。会社側（3社とも）、時間内組合活動に対する賃金カットを断行。各職場で職場交渉がなされ、賃金カットをめぐり課長などを追及。厚木、戸塚、大阪は100％支払わす。横浜、吉原は職場交渉で70％を確約。会社側から「工場閉鎖の準備」について分会の態度を尋ねられる。
6月26日	会社側事業閉鎖の準備通告。
6月27日	分会からの回答：工場閉鎖に対して断固闘う、団交要求。会社側、部課長追及に抗議、25日の部課長の確約書の無効を通告。
6月29日	第7回団交、一時金について回答で応酬。分会、賃金払いの確約撤回について職場闘争の強化。
6月30日	全自、スト禁止反対第一波スト（24時間スト）を指令。
7月1日	三社共闘「7月3日以降、一時間連続スト」の方針決定。翌2日に各分会に指令。
7月3日	全自各分会、三社共闘を先頭に9日まで連続の1時間ストに突入。会社側、職場闘争参加者を暴行、傷害、脅迫などで横浜地検に告訴。
7月6日	第11回団交。賃金カットの方法をめぐっての議論。会社側は、一時金は「根本問題が片付くまで申し上げる事情にない」とした。
7月7日	全自「スト禁反対第二波突入」指令（11日以降、時限ストから波状ストへの戦術強化を求めた）。分会側、「七夕提案」への対案となる「組合活動覚書案」を提出。
7月8日	第12回団交で、会社側の回答：ノーワーク・ノーペイの問題が解決しなければ交渉は無意味。賃金カットは今後もこれまでのやり方で実施。「組合活動覚書案」への対応の約束。「連日一時間スト」への抗議。
7月9日	第13回団交で、会社側は一時金の回答をするも「支払い期日は未定」とした。この点に分会側は反発。会社側の「払うことは払うが、いつ払うかわからない」という態度に対して分会は「申入書」を残して退席。
7月10日	分会、会社側に再考を求めるも支給期日の明示せず。そのため分会は

月　日	動　き
7月11日	会社側の態度を「実質的な団交拒否」と判断して「再申し入れ」を行い、指令第3号（7月11日、13日の波状ストと職場闘争）を発した。波状スト突入。
7月12日	全自、スト禁反対第二波スト決行。会社側、「13、14両日を臨時休業」（事務、技術、オースチン各部門と、横浜工場のごく一部分を除外した全体）とすることを分会に通告。
7月12～13日	三社共闘合同代議員大会。
7月13日	会社側、臨時休業は「組合の実力闘争一点張りの態度の反省を求むるための冷却期間」であって、「入場禁止者が入場すること、いわんや組合員が職制の管理を離れて組合の管理の下に就業することは厳に禁止する」と通達。
7月13～14日	分会、全組合員を横浜工場に入れ反対闘争。
7月14日	係長7名が川崎で会合：全係長を集め、会社の意見を聞くことを決める。第14回団交、会社側「レール戦術を宣言」[7]。全係長、午前8時に品川駅前に集合。会社側からバス2台。また分会側から常任委員や青年部員が待ち受けており、集会の散会を要請するも聞き入れられず。
7月15日	分会の報告大会で係長グループの集会の批判。組合会議室での追及。第15回団交開催。
7月16日	第16回団交。分会、大幅な妥協提案[8]をし、決着を試みる。これに対して会社側は賃金に関するものは全て拒否。一時金と賃金カットの再協議は困難、覚書については会社側の考え方を基本的に認めるなら「話し合う余地がある」と回答。その際、経営側は口頭で「組合活動の覚書もさることながら賃金闘争の方針が問題だ」「これによる闘争激化により日産の企業が内的、外的にこうむる実害は重大だ」[9]と発言。これを分会は重視し、最後の腹を決めた。18時、分会は指令第6号を発し、17日以降一部部門の無期限ストを命じる。
7月17日	分会、部分ストに突入。
7月20日	会社側、鶴見第三製造部の完成車両を東京販売の力を借りて強制出荷を策す。分会側は実力で阻止[10]。
7月21日	会社、横浜地裁へ自動車の整備、出荷業務妨害排除の仮処分申請。分会、会社に質問書で「労資間の紛争を避け、日産の将来のため、会社の良識ある判断を」と要望。
7月22日	会社側、7月25日払い以降、賃金からの組合費控除の打ち切り通告。
7月23日	分会より会社へ団交再開申し入れ。
7月24日	会社側団交再開拒否の回答。分会側、25日より総務部株式課全員の無期限スト（9時より）追加。

月　日	動　き
7月25日	また組合員全員の3時間のスト（13時より）の指令。 会社側、25日払いより不就業賃金の差引を通告。 会社より株式課のストに対する抗議。 分会側、職場閉鎖状況撤去を通告。 分会側、団交申し入れ。
7月26日	会社側団交拒否、分会に抗議。
7月27日	午前3時頃、凶器を携帯した約100名が会社の指揮のもと鶴見工場のスト現場に乱入。
7月28日	分会、3日目ごとに全職場1時間抗議ストを指令。 分会批判勢力が本部および事務局を設置し、第二組合結成大会の準備に入る。
7月30日	出荷仮処分決定を受け、深夜に80台のトラックの整備・出荷を執行。 横浜地裁、ビラ撤去の勧告を行う。分会は自主的に撤去。
7月31日	会社側より団体交渉を行う条件提示：会社の「組合活動に関する覚書」の承認、6月25日以降の賃金は「覚書」に準拠して処理、賞与以外の諸件については会社回答の線を承認すること。
8月3日	分会、項目ごとに基本的考えを明示した団交再開の回答を提示。会社側、分会提案を拒否し、「会社の条件による団交再開の意思」の有無を明日まで回答することを要求。分会側、即日回答し、「文書で団交内容に属するやり取りをすることを本日以降中止」し、「更めて団交の即時再開」を求める。会社側、「団体交渉再開の条件については譲歩できない」とした。 分会はスト体制強化の「指令第10号」[11]を発す。会社側、8月5日午前4時以降当分の間、横浜、鶴見地区の第1敷地、第5敷地内の各事業所全部並びに吉原工場の全部の閉鎖を通告。
8月4日	トヨタ、いすゞがほぼ会社案で妥結。
8月5日	会社側、工場閉鎖の仮処分申請とバリケードによる工場閉鎖。 分会側、バリケードを破って構内に入る。ロータリー付近で大会を開催。分会側、団交再開の申し入れ。 総評幹事会、日産分会の生活資金対策として1億6000万円の融資を決定。
8月6日	分会による再三の団交再開要求に対して、会社側は7月31日提示の条件による団交再開の立場を固持。 会社側、横浜地裁に対し横浜工場への「組合員の立入禁止」の仮処分申請。
8月7日	分会側再度団交再開の申し入れ。午後6時半すぎ、益田組合長等5名の分会幹部及び関係者が逮捕（6月25日、26日、7月25日の課長交渉での暴力を理由）。分会事務所と子安寮などが家宅捜索。分会は指

月　日	動　き
8月8日	令12号[12]を発する。全自本部も指示24号を出す。 2時間のスト突入後、全員大会。神奈川地評、「日産労組闘争指導本部」を設けて声明を発表。 工具研磨職場委員が検挙される。 会社側、静岡地裁吉原支部に対して吉原工場への「組合員立入禁止」の仮処分申請。 吉原工場でバリケードを突破しようとした分会員とそれを阻止する職制との間でいざこざ[13]。 飛鳥田一雄代議士（左派社会党。後の横浜市長）らが横浜地検に抗議、益田組合長と接見。益田組合長「数名の逮捕ごときなんでもない。冷静に全組合員は本部、支部の共闘とともに全要求を貫徹せよ」と口頭指令。 分会側、会社に団交再開の要求。
8月9日	会社側、従来の回答を繰り返す。
8月10日	会社側「臨時警備補助員」200人を雇用。分会側バリケード突破[14]。分会、指令13号[15]を発する。分会側、即時団交の要求。会社側拒否。
8月11日	24時間全面ストに突入。横浜工場の広場で全日産総蹶起大会を開催し、闘争宣言を発した[16]。吉原支部から1400人、大阪支部から約130人など7000名が結集。逮捕されたうち3名が釈放され、大会に参加し登壇する。 会社側、不法入場に抗議。
8月14日	吉原市警が8月8日の課長代理負傷事件などの容疑で4名の分会員を逮捕。 分会、指令第14号[17]を発する。指令第14号によってストが解除された職場では、会社に通告のうえ一部稼働の開始。 分会、常任執行委員の補充選挙。 全自本部、反弾圧の「ゼネスト」決意を各支部、分会に指示するも、トヨタ分会、いすゞ分会は反応せず。なお、いすゞ分会は1人1000円の融資カンパを決めるも、トヨタ分会では職制の猛烈な反対で難航。22日にようやく決まる。
8月15日	会社側、スト解除による生産再開を「不法」とする通告文を発す。 神奈川地評、「講演と映画の夕」で日産争議支援決議を行う[18]。
8月17日	分会側、団交再開の申し入れ。
8月18日	会社側、団交再開を拒否。
8月19日	益田組合長釈放。同時に、益田らが「暴力行為等処罰に関する法律違反」で起訴。 警察、工場に立ち入れば直ちに検挙すると通告。 会社側、深夜から20日早朝にかけて、横浜工場に6寸角材をボルトで

月　日	動　き
8月20日	締め、有刺鉄線を張った本格的バリケード（総工費250万円）を建設。会社は、営業部、大阪出張所、名古屋出張所、サービス部、厚木工場、戸塚工場、大阪工場、東京製鋼所を21日以降、臨時休業にするとの通告。
8月21日	分会側、臨時休業反対と工場閉鎖物件の撤去を申し入れるも、会社側は無視。 会社側は、益田組合長ら6名の懲戒解雇を発表。 分会側は、解雇絶対反対、不当労働行為、本件に関する団交などを社長に申し入れる。 吉原工場、「立ち入り禁止仮処分」申請が認められる[19]。
8月22日	会社側、解雇について回答。分会、指令15号（解雇に反対し、実力闘争を行う方針確認の無記名投票など実施）、指令16号（ストライキ準備）。 吉原工場の「立ち入り禁止仮処分」の執行。工場から締め出された社員が社宅「新風寮」の広場に集まり、大会。午後には家族も参加した抗議大会。守衛28名と変電所要員9名をスト。工場側は業務協定を申し入れるが、拒否。分会は正門前にキャンプ用のテントを張り、昼夜6交替制のピケットラインを開始。 左派社会党神奈川県連合会が「日産争議応援大演説会」、「京浜地方労働者大会」を開催[20]。
8月24日	指令第15号に基づく闘争継続の是非を問う全員無記名投票が全国7工場、1事業所で7269名の組合員によって実施。総投票数6091票、棄権1178票。有効投票数5880票、白紙211票。賛成5230票、反対650票。総投票数に対する賛成率は85.8％。
8月25日	分会、「組織の動揺防止のためには、争議の早期解決以外に方途はない。これがためには闘争の重点を団交再開に集約する」との方針に立って、中労委に対して団交再開の斡旋申請。以降、中労委が事情聴取。
8月26日	分会、『情報』第58号で「生活対策大綱」（組合員に対する生活資金融資）を明らかにする。 代議員会で執行部不信任案が提出されるも、賛成13、反対49、保留8で否決。不信任案に賛成した代議員の8名は、その日から翌日にかけて職場での不信任を受けて失脚。 分会、団交再開を申し入れ。
8月27日	全国8工場の係長75名が「会社提案の組合活動覚書の承認」、「一時金にしぼった団交の促進」を求める声明書を発表し、分会に提出。分会側、鋼材倉庫で開かれていた大会で係長47名に自己批判を要求。
8月28日	会社側が団交拒否回答するも、分会側は再度団交再開申し入れ。 常任委員2名が逮捕。

月　日	動　き
8月29日	中労委、正式斡旋で「労使双方に対し、団交再開を前提とした予備交渉を実質的に勧告」。 分会、支部ごとで決起大会開催。横浜は神奈川地評主催の大会。吉原は吉原小学校講堂に約1000人が結集。 会社側、団交拒否。
8月30日	分会側、団交再開や中労委の勧告受け入れ等について申し入れ。 日産自動車労働組合（以下、日産労組と略）の結成大会が浅草公会堂で開催（参加者506名）。分会は数百名のピケライン。 分会、会社側に即時団交再開を求める。「団交再開の会社条件を組合が尊重することは、文書でなく直接折衝すればすぐわかる。だから即時団交再開に応じられたい」とした。
8月31日	分会側、「ひもつき分裂屋と手を切って組合の旗の下に帰れ」とする勧告文。 分会吉原支部で全員大会。第二組合には入らないなどとする署名活動を実施し1200名の署名を集める。 日産労組、『情報第一号』の発行と会社へ組合結成の通知と団交の申し入れ。会社側、これを受諾。日産労組、職場代表者会議を開催し暫定的任務を決定。
8月	日産自動車工手学校の設立方針を定める：「日産の企業を通じて、日本の自動車工業の確立に挺身する確固たる信念を持ち、あらゆる困難に耐え、技術を錬磨してゆく中堅現員を養成する機関を設ける」。
9月1日	分会、大会において組合長益田宛の「組織防衛同盟誓約書」を全員に配布。分会と日産労組が会談。 分会、日産労組12名の除名決議の大衆討議と、組合員資格の停止を発表。また会社を分裂策動で告訴することを決定。 会社側、分会の団交再開申し入れに対し予備折衝を回答。分会側、9月2日に中労委関係者立合のもとで文書交換と予備交渉を申し入れるも、会社側は中労委関係者の立合は不要とした。 日産労組、要求書（一時金＝25日払いで本給×1.5ヶ月プラスアルファ、立ち上がり資金）を提出し、団体交渉を行う。
9月2日	中労委、総会で斡旋員に中島公益委員を指名。 分会、中労委会館で文書交換を行う。この間、1日から3日までに6回の団交再開申し入れを行うも、会社側は拒否。 日産労組、第二回団交。会社側、日産労組員の翌日以降の就業を許可。
9月4日	衆議院労働委員会で日産争議問題審議。分会側は組合長が出席するも、会社側は社長、専務の病気を理由に不参加[21]。 中労委中島斡旋員、労使に対し「文書交換によらず直接会って団交再開の条件について話合うよう」勧告するも、会社側は「現段階では勧

月　日	動　き
	告に従うことはできない」と回答。
	日産労組、208名で吉原支部の結成大会を開催。
9月5日	日産労組と会社との間で「組合活動に関する協定書」を調印。
	吉原工場、日産労組員の工場立ち入り許可。
9月6日	日産労組、総決起大会を開き、臨時執行部の選出。
	分会、11項目の「紛争妥結条件」を会社に提示して団交再開を要求。
9月7日	会社側、分会に対して事実上拒否回答。
	分会、工場閉鎖解除と生産再開を要求して、19時より本社正門前、鋼材倉庫、輸送課、鶴見工場、戸塚工場などで6300人の組合員が交代で座り込み[22]を開始。
	分会、中労委に対し団交拒否、不当解雇につき不当労働行為の提訴。
	益田組合長ら解雇者6名が横浜地裁に「地位保全」の仮処分申請。
	日産労組、第5回団交で夏期一時金の回答を得て、妥結。
9月8日	分会、即時団交再開を求めて再度申し入れ。
	分会、会社に対し双方の代表による少数会見の申し入れ。
	日産労組、吉原工場の西門前の小川に橋をかけ188人が入場。帰宅時にピケラインを張る分会組合員と激突し、日産労組員は工場内に宿泊。
9月9日	分会、先の11項目を修正して再提案。日産館役員室で岩越人事担当取締役、斉藤人事部長、益田組合長が折衝（「予備交渉のための予備交渉」）。
	分会の座り込み闘争がクライマックス。横浜工場では組合員2000人と家族50人が参加して大会を開き、そのまま座り込みへ。
	吉原工場、市会議長や警察の仲介で日産労組員が帰宅。警察、ピケと帰宅阻止を取り締まると警告。
	中労委会長、団体交渉再開の勧告。解雇者に対する不当労働行為については神奈川地労委に移送を決定。
9月10日	分会、2000名の組合員と総評傘下単産の代表300名を集めて大会。会社側から11日に予備交渉の回答が出て、座り込み闘争の中止指令が出る。
9月11日	分会と会社側で予備交渉。会社案の「組合活動に関する協定書」と「覚書」に調印することで合意。
	参議院労働委員会で日産争議問題を審議。会社側は争議解決が「微妙な時期にある」として不参加[23]。
	吉原工場に入場しようとする日産組合員230名を、ピケを張っている分会員約400名が入場阻止（「どんとこい闘争」）。会社は臨時休業を指示。
9月12日	分会、第二次の「泊り込み」の実施。
9月13日	分会と会社側で、団交再開のための予備交渉。14日から正式な団交

月　　日	動　き
	を開催することを確認して、「組合活動に関する協定書」および同附属協定の仮調印。 座り込みに参加し、鶴見工場近くの鉄道引込線を歩いていた寺尾徳太郎分会員が事故死。
9月14～15日	日産労組、立ち上がり資金について会社と団交。
9月14日	分会と会社側、団交再開。分会、最終的に6項目の要求（解雇理由の提示、閉鎖中の賃金、立ち上がり資金1万円、一時金1.5ヶ月、27日に生産再開、明日の団交開催）を提示。
9月15日	分会と会社側、第18回団交。会社側、解雇理由の説明および解雇撤回の拒否。 吉原で分会を支持し50団体の参加による「要求貫徹総決起集会」が開催。
9月16日	分会と会社側、第19回団交。組合要求11項目について回答（閉鎖中の賃金不支給、一時金は1ヶ月プラス成績加給、立ち上がり資金は支給せず貸付金で対応、上記条件の組合承認による生産再開）。
9月17日	分会と会社側、第20回団交。解雇問題の団交からの切り離しで合意。分会側、会社案での支払いを先行し、立ち上がり資金と閉鎖中の賃金保障につき協議を後に残して妥結を提案するも、会社側拒否。 横浜地裁民事部、横浜本社工場と鶴見地区への分会員の立ち入り禁止の仮処分決定[24]。
9月18日	分会と会社側、第21回団交。分会が5項目の要求を行うも会社側は拒否。
9月19日	分会と会社側、第22回団交。 日産労組、「生産再開総決起大会」を開催。
9月20日	分会7支部それぞれで大会開催。会社案受諾による闘争集結と今後の闘争方針の可否について全員投票を実施。闘争終結84.7％、今後の闘争方針は93％の賛成で決定。 日産労組、田町本部に組合員160名を集結待機させ、会社に対して入場受け入れ態勢の至急手当を申し入れた。会社側、突入自重の申し入れ。21日の全員突入を決意。
9月21日	分会と会社、第23回団交。妥結協提書（調印の日付は22日）に調印。夏期一時金は会社に一任、就労については22日に工場閉鎖解除、24日から全員就労、22、23日は臨時休業扱いとする。 日産労組と会社、第10回団交。会社側、本日より臨時休業を解除。 静岡県警、吉原工場に警察官を大量動員。分会側ピケ解除。
9月22日	日産労組員、就労命令を受領し横浜工場正門前に約5～60名が集合。分会員300名が集まるも入場できず、そのままピケを張る[25]。大館重役、益田組合長、荊木日産労組書記長の三者会談。就労命令を受領し

付　録　全自日産分会関連年表　177

月　日	動　き
9月24日	た日産労組員を入場させるとともに、分会は入場希望者のリストを作成し会社側がそれを検討し、入場させることで合意した。入場した分会員の12時退場。12時半より日産労組員の生産再開。 生産再開。横浜工場では社長、川又専務、斉藤人事部長らが工場再開の集会に登場し、社長が挨拶しようとするも、社員の間から怒号が起り中断。 分会が会社に対し、バリケード撤去、仮処分取り消しの手続きをしない理由の開示、生産協議会の開催を申し入れ。 分会、正午から大会。会社は12時半までしか認めていないとして分会と「組合活動に関する協定書」の解釈をめぐって対立。
9月26日	日産労組、分会執行部と面談し、分会の貸し付け金について（1）日産労組組合員個々についての返済要求をしない、（2）返済については日産労組執行部が窓口となって取り扱うことを確認。 日産労組、委任状を用意し分会への個人の返済を厳禁とする。
9月28日	分会側、日産労組に26日確認の取り消し通告。
9月30日	分会と会社、第24回団交。19項目にわたる要求。
10月2日	分会と会社、第25回団交。
10月9日	神奈川地労委、分会が「使用者の経理上の援助を受け」ており、労働組合法上の労働組合とは認められないとし、分会に対し「補正勧告」を行う[26]。
10月10日	分会常任委員会、「統一のための提案」を発表し日産労組に統一を呼びかける。 日産労組と会社、経営協議会に関する「協定書」と「規約」を作成。
10月15日	分会と会社、第28回団交。6名の馘首問題を議題。 日産労組と会社、経営協議会を開催。 日産労組、4000名を超え過半数を制したと発表。
10月23日	分会、日産労組に一時金闘争での共闘を呼びかけるビラを配布。
10月27日	分会、神奈川地労委の申立を個人申立てに切り換える[27]。
11月5日	分会、『自己批判書（案）』を発表。
11月13日	分会、拡大代議員会を開催し、一時金についての職場討議を集約。
11月14～15日	全自臨時大会が吉原市（現富士市）で開催。
11月19日	分会、借金返済問題で日産労組と会談[28]。日産労組側は、分会に対して組合活動による賃金不支給分の要求、闘争資金の使途の明細、借入れ金およびカンパの額、経理内容を明らかにすることを要求。
11月20日	分会、一時金の要求書を会社に提出。
11月25日	日産労組、第1回定期大会。
12月1日	日産労組と会社、賞与に関する交渉を開始。
12月2日	分会と会社、一時金に関する団交。

月　日	動　き
12月3日	日産労組と会社、団交。会社側から正式回答が出る。12月2日と3日の両日で800枚の分会への復帰願いが出る[29]。
12月4日	分会と会社、団交。
12月5日	会社、就業規則違反として141名（諭旨退職11名、出勤停止10日39名、5日38名、譴責53名）を処分することを通告[30]。
12月6日	分会、横浜支部で「撤回闘争をたたかい抜く」とする大会を昼休みと終業後の2回行う。総評・地評・全自と四者連名の抗議声明。7日の団交開催を要求。会社は8日に予定されていた団交で行うと回答。
12月7日	分会、2回の大会で法廷闘争と団体交渉の二本建てで「撤回」を闘いとる方針を採択。日産労組、会社の賞与回答の受諾。
12月8日	分会と会社、団交。
12月10日	分会、会社の一時金回答受諾。
12月13～14日	分会、大会。
12月21日	全自本部、いすゞ分会、トヨタ分会連名で、借金返済問題で日産労組に質問状[31]。
12月23日	諭旨退職の処分を受けた11名が神奈川地労委に救済申立。
1954年	
1月14日	分会、日産労組組合員14名に対する支払い命令を簡易裁判所に申請。
2月5日	分会、日産労組組合員68名に対する支払い命令を簡易裁判所に申請。
2月9日	鉄鋼労連の仲立ちで、分会と日産労組が会合。「16日に具体的返済について協議する」、日産労組は「これ以上質問は行わない」などが決まる。
2月16日	分会が日産労組に協議を申し入れるが、日産労組側は「和戦両様のやり方はとらないときめた、よって返済について具体的に話し合う事は行わない」と回答。
2月	分会、『物をいう』と題するビラの第1号を発行（以後、『日産アッピール』と改題されて55年6月中旬の第74号まで発行）。
3月29日	日産労組、販売店や関連協力工場の労組を集め自動車労連結成準備会を発足させる。
4月11～14日	全自、第7回定期大会：「借金取り大会」。
5月24日	総評、幹事会にて「日産争議資金の援助について」を決定。
6月1日	トヨタ分会の林田委員長、全自第22回中央委員会において「これまでの日産融資処理方針をすべて撤回し」、「第二組合の申し入れをすべて受けいれ話し合いに入るべき」だと提案。
6月15日	日産労連、第2回定期大会：「自動車労連結成は全自解体の道であり、日産分会吸収の一環である。トヨタ、いすゞと連携を強化し、労連結成後は全労を志向する」との方針決定。また「日産復興闘争宣言」の

月　日	動　き
9月10日	採択。 全自、中央委員会で日産分会に裁判の取り下げ、債権の全自委譲などを要求。
9月20〜21日	全自第25回中央委員会：トヨタ分会、いすゞ分会が日産分会の除名を提案。除名動議を取り上げるかどうかを採決し、否決される。 全国中小分会のグループが30円カンパなど条件付で裁判を取り下げることを提案し、決定。日産分会もこれを了承。
9月28日	分会、一般投票で裁判取り下げを拒否（裁判取り下げ賛成59、反対320）。
10月6日	全自本部、第26回中央委員会で「日産分会除名」を提案。賛成12、反対7、保留8で否決。
10月20日	全自本部、日産分会から労金への債権譲渡を完了。
10月29日	会社側、企業合理化策として待命制度の導入を含む「九項目提案」を両組合に提示。
11月6日	分会側、会社の配置転換が不当労働行為だとして「配転取り消し、現職場復帰」を求めて神奈川地労委に申立て[32]。
12月1〜2日	全自、臨時大会で全自解散を決定。
12月3日	全自解散に伴い、分会の名称を日産自動車労働組合（略称は日産自動車分会：以下も分会と略す）に変更。分会、前年12月の懲戒処分やその後の配転・準降職処分等について分会に対する弾圧行為だとして神奈川地労委に申立て[33]。
12月	日産労組、待命を含め九項目提案を受諾。
1955年 1月	会社側、「従業員待命規定」を施行[34]。
1月10日	会社、全自解散に伴い日産分会も解散したものとみなすと宣告し、組合掲示板の撤去や会社が立替払いしていた電話の引き上げを通告。
1月20日	戸塚工場で「サービス残業問題」発生。
初夏	分会事務所、各工場から締め出される。本部は新子安駅近くに仮小屋を建設し、そこに移る[35]。
11月6日	会社側、分会員8名（他に無所属者3名）に対して待命辞令を行う（第1次待命通告）。
11月22日	分会、8名の待命取り消しなどを求め神奈川地労委に申立て。 日産労組、「賃金四原則」発表。
1956年 2月6日	会社側、分会員13名に対して待命を命じる（第2次待命通告）[36]。
4月2日	分会側、第2次待命通告を不当労働行為だとして神奈川地労委に申立て。
4月25日	神奈川県地方労働委員会、益田哲夫らの申立て（日産自動車1号事件）を棄却。

月　日	動　き
8月13日	益田組合長、日産労組に分会員の一括加盟など6項目の申入れ。
8月22日	益田組合長、宮家自動車労連委員長と第1回目の会談を行う。
8月25日	日産労組、常任委員会で分会に対する「申入書」を作成[37]。
8月26日	第2回益田・宮家会談[38]。
8月28日	第3回益田・宮家会談[39]。
	益田組合長、「受諾に関する申入書」、「日産労組へ一括加入願」と「自己批判書」を提出。
8月30日	分会の解散日付。
	日産労組、結成三周年記念の総会で「平和宣言」を採択。
9月12日	分会、総会を開催し解散を決定。
9月13日	第5回益田・宮家会談。8月30日付けでの分会解散を文書で回答。
9月18日	分会、個々人の加入願、自己批判書等のとりまとめ。
9月19日	益田組合長、分会員の加入願、添付書、自己批判書を日産労組に一括提出。
	日産労組、旧日産分会解散に関する報告大会。
	日産労組、益田氏同席の上で記者会見。
9月22日	分会側、神奈川地労委への申立て4件を一括して取り下げる[40]。
11月20日	神奈川簡易裁判所で益田哲夫以下37名（解雇、待命退職者など）と会社側が和解。

注

1) 大原社研（1953）、日産労組（1992b）の記述による。熊谷・嵯峨（1983, p.179）では10月7日〜9日となっている。

2) 日産（1965, p.269）では「4月以降の賃上げの本格的要求の予告」を入れた6項目の要求とし、「この紛争の発端となった」としている。

3) 日産労連（1992c, p.35）の記述による。日産（1965, p.270）では「4月3日の第1回交渉以来、11回の交渉をおこなったが妥結せず」となっている。

4) 日産労連（1992c, p.46）の記述による。全自日産分会（1953, p.31）ではたんに「団交」となっている。

5) 日産（1965, p.269）では「同月25日、つぎの8項目の要求を23日付けで会社に提出した」となっている。

6) 神奈川地労委が1956年4月25日に下した「命令書」（1965, p.209）による。

7) この団交のなかで浅川社長が「今度は会社若干ゆとりがあるから、いわゆるレール戦術は、全部一ぺんやってみて、自分で自分をテストしなければならぬが、自分はしろうとであるから、やるだけのことはやるから、お前たちはくろうとだから注意すべき

ことがあったら途中で注意しろよ」と発言（衆議院，1953における益田組合長の答弁より）。それゆえ全自日産分会（1953）や熊谷・嵯峨（1983）の年表では「会社レール戦術を宣言」となっている。

8) 賃金闘争方針の再検討，賃金要求の厳選，組合活動の覚書への仮調印，今闘争における賃金カットについての協議などである。

9) 日産労連（1992c, p.76）の記述による。熊谷・嵯峨（1983, p.234）、上井（1994, p.p.81-82）では分会『自己批判書（案）』に依拠し、経営側は「覚書などはコップの中の問題だ。問題は組合の賃上げ方針と闘争手段だ」と発言したとなっている。

10) 飯島（1993, p.p.202〜206）によると、組合長が販売店側の人に「失礼ですがお名刺をいただけますか」と声をかける場面があるなど、必ずしも組合が無理矢理実力を行使して出荷を阻止したとは言えないという側面もあった。なおこの証言は解雇をめぐる後の神奈川地労委の審判にも採用され（飯島, 2001, p.121）、地労委の命令書では「証人飯島光孝、証人佐々木定道の証言によれば、出荷のために来た東京日産の代員と組合との間には、…、トラブルもなく引揚げるに至ったと認められることから、この点については必ずしも不当な行為であったとは判断し得ない」（神奈川地労委, 1965, p.p.242〜243）となっている。

11) 指令内容は以下の通り。8月4日より1時間の一斉スト。無期限ストライキ職場に、一部部門を追加。それ以外の職場は生産態勢に入れ、8月2日の常任委員会決定の線に従った全面的職場活動の実施など。

12) 8月8日始業時より2時間のストライキ。

13) 日産労連（1992c, p.110）によれば、分会員の入場を阻止した第2機械課長代理が負傷となっている。

14) 佐藤（1976, p.211）では「巧みな陽動作戦でこれ（バリケード：引用者）を突破し制圧する」とある。

15) 8月11日午前4時より24時間の全面スト（大阪は48時間）、11日に総決起集会開催など。

16) 闘争宣言は1949年6月の人員整理反対闘争以来初めてとなる（労働省, 1955a, p.146）。

17) 8月15日横浜工場午後1時から3時まで、その他の支部は終業前1時間の抗議ストの実施と、既にストに入っていた職場のストの全面解除を命じている。

18) 同日「日産不当弾圧反撃総決起集会」を予定していたが、降雨により延期されたため「講演と映画の夕」で急遽決議することとなった（神奈川県, 1959, p.219）。

19) なおこの仮処分について益田組合長は衆院の労働委員会で以下のような発言をし、裁判所における判断ミスだと主張。「静岡では八月二十一日に工場閉鎖の仮処分が決定しております。そのときの戸塚裁判長の話では、お前たちは工場閉鎖中の賃金は全部支給されておると思ったのだが、一銭ももらわぬのだったら、ちょっとあの仮処分をや

ることについては問題がある、だから異議の申請を早くやれというようなことがございまして、…」(衆院, 1953)。
20) 神奈川県 (1959, p.219) による。
21) 国会議事録によると、この日、日産関係の参考人として出席したのは益田組合長の他、川崎弥美分会青年部書記長、小林正基横浜市警察本部長の3名である。なお益田組合長は会社側が出席しなかった理由を「炭労争議のときに資本家代表が(国会に)行って、非常に不利な立場にあったので、会社側の代表を出さない」と会社側が言明していたとしている。
22) 飯島 (1993, p.242) の表現では「泊まり込み」となっている。
23) 参考人として出席したのは益田哲夫分会組合長、笠原剛三日産労組組合長、小林正基横浜市警察本部長。
24) 飯島 (1993, p.243) によれば、申請から決定まで43日という「異例」の長期にわたって審理されたことに加えて、執行官による管理ではなく「会社預り」(全自日産分会, 1955, p.51) とした点でも「異例」であったという。
25) 日産労連 (1992c) では分会員が一方的にピケを張り、日産労組組合員の入場を妨げているかのような叙述となっている。しかし飯島 (1993, p.247) によれば、前日の団交の最後で会社側代表のT常務が口頭で22日の分会組合員の職場への立ち入りを容認していたが、当日、入場が認められないため、自然発生的なピケとなったということになる。
26) これに対して分会は組合申立てを取り下げ、個人申立てに変更して神奈川地労委に申し立てた (神奈川地労委, 1965, p.p.237～238)。
27) 神奈川地労委 (1958, p.111) による。地労委の審査委員長は最初、林信雄 (横浜市大教授) であったが、1954年2月に千葉堅弥 (社会党神奈川県連事務局長) に交代している。千葉は総同盟神奈川県連常任執行委員や労働省労働教育課長などを歴任 (神奈川地労委, 1958, p.14)。林は分会にひどく厳しい態度をとっていたと当時の関係者は語っている。またこのことは彼の回想録 (林, 1959, p.111) からも裏付けられる。
28) この頃、日産労組は借金問題について、「分会は闘争中に中共から麻薬をもらい、これを売払って金にしているはずだ」、「三越闘争の例をみても生産のために借りた金は返す必要がない」などの「荒唐無稽」な宣伝活動を行っていた (労働省, 1955b, p.868)。
29) 益田 (1954, p.30) による。
30) この処分について労働省 (1955b, p.869) は次のように述べている。「一二月始め、日産では一時金要求を回って第二組合執行部に対する不信感から分会への復帰の動きがあり、これが鶴見工場の他の一部に表面化した機会に、会社が打出した一四一名の懲戒処分のために、復帰の動きは止まり第二組合執行部に対する不信感も表面から沈ん

でしまう…」。また神奈川労働委員会（1958, p.112）でも「七,五〇〇名中四,〇〇〇名の者が第一組合に復帰する気運が高まってきた矢先にとられた措置」となっている。

31）日産労組が分会に対して「再質問」を行ったり、「職場で一部常任委員が『返す必要ない』などと宣伝している事実を知り」（労働省、1955b, p.869）、この3者の連名による質問状となった。

32）神奈川地労委（1958, p.112）による。

33）神奈川地労委（1958, p.112）による。

34）神奈川地労委（1958, p.112）、神奈川県評（1983, p.32）による。

35）飯島光孝氏の私信（2004年9月24日）によると争議後、分会の事務所は3回移転したとのことである。争議時には横浜工場にあった組合事務所としていた建物は、争議終了後早々に会社から明け渡しを求められ、構内の別の場所に移された。その後、構内からも追い出され、横浜工場の表門からいくらも離れていないところに、かなり広い事務所が建てられた。「飛鳥田（元横浜市長）さんであったかと思うが、そこに訪ねて来られた時に、『日産分会というのはえらいものだ。争議に負けても会社がこれだけの事務所を提供してくれるのだから』とひやかしていた記憶があります」。その後、新子安の仮小屋に移ったが、その土地と小屋も会社から供されたとのことである。ただし、飯島氏はこの小屋を移った時期を全自解散前と記憶しており、熊谷・嵯峨（1983, p.302）や日産労連（1992c, p.332）との記述と齟齬が見られる。

36）神奈川地労委（1958, p.112）による。日産（1965）には「会社の待命規程にもとづき待命を通告されていた従業員20名は待命期間が満了して退職となり、これを不満として同人たちは横浜地方裁判所と神奈川県地方労働委員会に提訴していた」とあるが、正確をきすならば分会員で待命を命ぜられたのは合計21名で、うち20名が不当労働行為で救済申立てをしていたこととなる。

　なお待命が通告された後、「本年（1956年：引用者注記）四月以降急速増産の方向にあり、臨時人夫、学生アルバイトを雇入れる」状況となっており、分会も待命者の「アルバイト利用」について申し入れる団交を要求するとともに、団交開催の斡旋について神奈川地労委に申し出ている（神奈川地労委、1958, p.73）。

37）この申入書の中で「昭和三十一年八月二十八日までに日産の従業員たる分会員は日産労組組織部まで加入願と自己批判書をそえて提出する」こと、および「日産分会は昭和三十一年八月三十日をもつて解散し従業員たる元日産分会員は日産労組組織部の統制内に入る」とされている（日産労組「旧日産分会解散に関する白書」『日産労報』号外1951年9月25日）。

38）この会談で日産労組は前日決定した申入書を提出。分会解散を8月30日とすることを早急すぎるとした益田組合長に対して「機関としての決定」だとして日産労組側はこだわった。これに対して益田も「八月三十日が『クギリ』だと云われる点は解ります。

どこ迄やれるか疑問ですが、職場の人も話せば解ると思います」と対応している（日産労組「旧日産分会解散に関する白書」『日産労報』号外1951年9月25日）。
39) この会談で益田は手続き上8月30日の分会解散は難しいとする。これに対して日産労組は「発表、時期と内容については別にこだわらず考えて見てもよい。ただ細部は別として意見が一致し平和の可能性ができた点を八月三十日に発表する」とし、やはり8月30日の線にこだわっている（日産労組「旧日産分会解散に関する白書」『日産労報』号外1951年9月25日）。
40) 神奈川地労委（1958，p.112）による。

あとがき

　本書はこれまでに発表してきた論文を改稿した章と今回新たに書きおろした章（第1章、第4章、第8章）とからなる。大幅に加筆・補正した部分も多いが、以下が初出一覧である。

第2章
「全自の賃金原則と日産分会の査定規制：1952年秋闘の事例より」上下『大原社会問題研究所雑誌』第547号，第548号2004年
第3章
「1952年の全自の賃金要求：『六本柱の賃金』再考」『香川大学経済論叢』第78巻1号2005年
第5章
「1952年夏の全自日産分会のプレミアム闘争：全自の賃金原則とのかかわりで」『大原社会問題研究所雑誌』第571号2006年
第6章
「全自の賃金原則と日産労組の賃金四原則：企業社会的秩序への転換とオルタナティヴ」所収新原道信・奥山眞知・伊藤守編『地球情報社会と社会運動』ハーベスト社2006年
第7章
「全自解散前後の日産の労使関係の動向：1953年争議後の新秩序形成の視点から」『香川大学経済論叢』第77巻3号2004年

　元全自日産分会の関係者の懇親会である「例の会」に初めて参加させていただいたのが2000年8月13日。自動車産業の現役活動家である大井呑氏の紹介で連絡を取った飯島光孝氏に、興味があるなら一度顔を出してみなさいと誘われ

たのであった。当時は日産争議については教科書的な知識しかないにもかかわらず、研究者顔してのこのこと出かけていったのである。飯島氏は日産争議の体験記を既に出版されており、会の前日にその本を読み返して予習していった。

　一番若い関係者で私の親より少し年上、多くは私の祖父祖母の世代の集まりであった。かつては大勢参加されていたとのことだが、この当時で10名程度の参加者となっていた。日産争議の何を知りたいのだという質問にも、的を射ない受け答えしかできず、参加者の方々も内心あきれていたのではなかろうか。それでもどなたも嫌な顔をせず、親切に対応していただいた。そして昔話や現代の世情について和気あいあいと語りあっている会の雰囲気にも魅かれ、それ以後2ヶ月に1度のペースで開かれているその会に毎回顔を出させていただくようになった。

　その会の常連になったのがきっかけで、日産争議から50年を迎えた2003年には、例の会の方々とともに「シンポジューム全自・日産53年争議：半世紀後の総括と課題」を開催することになった。著書『日本人の賃金』の中で全自の賃金原則を高く評価していた木下武男先生に記念講演をお願いし、後半は出席された元全自関係者一人一人に当時の体験を語ってもらった。全自を立ちあげた当時の状況、組合分裂後の問題、戦争体験等々、貴重なお話を聞かせていただいた。無事シンポジュームが終了した後、会場におられた下山房雄先生に「あなたのライフワークにしなさい」という温かい言葉をいただいた。

　思えば全自の研究に真剣に取り組むようになったのは、このシンポジュームを前後してである。シンポジュームに供する資料と年表作成のためにと文献を渉猟しはじめた。しかし、残念なことに、分会解散とともに多くの資料は散逸しており、一次資料にまであたることのできない歯痒さを感じていた。また既存の二次文献をいくら読んだところで新しいことは出てきそうになかった。

　こうした閉塞状況を突破する切っ掛けとなったのは、シンポジューム当日に浜賀知彦氏と面識ができたことである。かねがね浜賀氏が全自の資料を収集しているらしいという話は聞いていた。ただ氏は御夫人の看病のために「例の会」には参加されていなかったので、そのまま聞き置くだけとなっていた。その氏がシンポジュームには、時間がとれたとのことで参加されていた。そこで初対

面にもかかわらず、今度資料を見せていただけないかとお願いした。2週間後にはお宅にお邪魔し、資料を拝見させていただいた。その貴重さは一目瞭然であった。一部をその日にお借りして、その返却を口実にその後も訪問させていただいた。その甲斐あってか、全資料をお貸しいただけることになった。大型段ボール箱1箱程の量である。一人電車で持ち帰ることもできず、配送事故を考えると宅急便で送るのも怖かった。結局、当時のゼミ生、中山晃正君に車を出してもらい、借り受けに行った。

それからは複写と読み込みの日々が続いた。一次資料を読むなかで、従来の研究では1953年争議が職場闘争の観点ばかりから議論され、賃金原則をめぐる動きが蔑ろにされてきたのではないかという思いを抱くようになってきた。成果主義賃金やペイ・イクイティなどの問題から賃金の決め方をめぐる議論が復権してきた今の時代に、再度全自の闘いを顧みると、現代的関心に直結するような闘いであったことがわかってきたのである。こうして本書のモチーフが徐々に形づくられたのである。

このように2003年は浜賀コレクションを得て研究面では収穫の多い年となったのだが、大学教員としては最悪の時期を迎えていた。「改革」を名目にした横浜市立大学の自治解体が市当局によって進められていたからである。全員任期制の導入を挺子とする役人主導の大学への再編が進められていた。多くの教員と一緒になっていろいろと抗ったつもりだが、その方向を変えることはできなかった。焦燥感ばかりがつのり、精神状況も不安定になっていった。

日産争議からちょうど50年。日産争議の際に、神奈川地労委で審査にあたったのは横浜市大商学部の教員であった。彼は日産分会に対して厳しい態度で臨み、そして地労委での申立棄却が分会解散を決定的にした。半世紀たって横浜市大に降りかかってきた問題に、何かの因縁を感じずにはおれなかった。

所属していた学部からは多くの教員が去っていった。そして私もその一人となった。それから2年半が過ぎた。例の会への出席は難しくなったが、横浜から持ち帰った浜賀コレクションのコピーを読み返すなかで、この本に再録することになった論文のいくつかを書き続けていた。また、そうした草稿や完成論文をお届けするのを口実に、年に1〜2度例の会に参加するのを自分の励みと

するようになった。

　日産分会解散50周年となる2006年中には本の形にしたい。そう思うようになったのは昨年あたりからであろうか。何本か全自関係の論文が書ける目途がつき、そんな思いが出てくるようになった。また周りの研究者からもこれまでの論考をそろそろまとめないのですかとも尋ねられるようになって、その気持に火がつけられたような気がする。まだ機は熟していないかもしれないが、思い切って決断した。そして何とか脱稿することができ安堵している。

　元全日日産分会関係者である飯島光孝・喜久夫妻、浜賀知彦氏、金津健三氏、梶ケ谷健治氏、柿沼三男氏、そして彼らを紹介していただいた大井呑氏には、ただならぬお世話をいただき感謝している。また、旧日産労働組合で婦人部長の経験をおもちの大竹綾子氏からも貴重な資料をお借りしている。ここであわせて御礼を述べさせていただく。なお、例の会に参加されていた中村秀弥氏と古林将男氏が、残念ながら本書を見ることなく鬼籍に入られた。これまでの御協力に感謝するとともに、御冥福をお祈りしたい。

　矢澤修次郎先生には大学時代から大学院博士課程まで面倒を見ていただいた。研究領域自体は先生の御専門から随分と離れてしまったような気がするが、学恩に報いるような研究を続けていかなければと思い続けてきた。この本がその一歩となっていれば幸いである。

　大学院時代には演習や講義を通して富沢賢治先生、加藤哲郎先生、木本喜美子先生から多くを学ばせていただき、また学会や研究会で多くの先生方から御指導いただいてきた。とりわけ、浅川和幸先生、遠藤公嗣先生、上井喜彦先生、河西宏祐先生、木下武男先生、京谷栄二先生、熊沢誠先生、辻勝次先生、藤田栄史先生、野村正實先生、山本潔先生からは大きな影響を受けてきた。この場を借りて御礼を言わせていただく。

　同世代の畏友大野威氏、上原慎一氏、鈴木玲氏、また山下充氏、赤堀正成氏、兵頭淳史氏など若手の研究者からいろいろと知的刺激を受けてきた。特に大野氏には、本書の論文の多くに草稿段階で目を通していただいた。ここに記して謝意を表したい。

　また一人一人のお名前は記さないが、前任校と現在の職場では多くの先輩、

同僚の先生方のお世話になってきた。ここで御礼を申しあげておきたい。
　最後に、研究者としての道を歩むことを許してくれた両親と、苦労ばかりを強いてきた妻、由美子には感謝している。

　2006年9月19日　　　　　　日産分会の解散が公にされた50周年の日に
　　　　　　　　　　　　　　　　　　　　　　　　　　吉田　誠

参考文献

赤堀正成（2004）「年齢（経験年数）別横断賃率の可能性」社会政策学会編『社会政策学と賃金問題社会政策学会誌』第12号法律文化社

千葉利雄（1998）『戦後賃金運動』日本労働研究機構

Dohse, Knuth., Ulrich Jügence, and Thomas Malsh. (1985) "From Fordism to 'Toyotism'?: The Social Organization of the Labor Process in the Japanese Automobile Industry", *Politics & Society*, Vol.14, no.2.

Elger, Tony. and Chris Smith. (eds.) (1994) *Global Japanization?: The Transitional Transformation of the Labour Process*. Routledge.

遠藤公嗣（1999）『日本の人事査定』ミネルヴァ書房

遠藤公嗣（2005）『賃金の決め方』ミネルヴァ書房

Fucini, Joseph J. and Suzy Fucini. (1990) *Working for the Japanese.*, Free Press. （中岡望訳『ワーキング・フォー・ザ・ジャパニーズ』イーストプレス1991年）

藤田若雄（1957）『協約闘争の理論』労働法律旬報社

藤田若雄（1969）『新版第二組合』日本評論社

舟橋尚道（1954）「労働の価格とその法則」『経済評論』8月号

Gordon, Andrew. (1993) "Contests for the Workplace", Andrew Gordon ed. *Postwar Japan As History*, University of California Press. （「職場の争奪」所収アンドルー・ゴードン編　中村政則監訳『歴史としての戦後日本』下　みすず書房2001年）

林信雄（1959）「労使関係の展開の一齣：地労委十年と私と世の動き」『横浜市立大学論叢』（社会科学系列）第11巻第1号

法政大学大原社会問題研究所（1954）『労働年鑑』第27集1955年版時事通信社

飯島光孝（1993）『生命ある限り第2部　朝、はるかに』門土社総合出版

飯島光孝（2001）『続生命ある限り　お空の中ほど』門土社

石田光男（1990）『賃金の社会科学』中央経済社

上井喜彦（1994）『労働組合の職場規制』東京大学出版会

神奈川県地方労働委員会事務局（1958）『神奈川地方労働委員会年報昭和三十一年度』

神奈川県地方労働委員会事務局編（1965）『神奈川地労委不当労働行為事件命令集（昭和21年～昭和40年）』

神奈川県地方労働組合評議会（1983）『神奈川県労働運動史』第三巻神奈川県地方労働組合評議会

神奈川県労働部労政課編（1959）『神奈川県労働運動史（1952～56）』

加藤尚文（1967）『事例を中心とした戦後の賃金』技報堂

加藤哲郎／ロブ・スティーヴン編（1993）『国際論争・日本型経営はポスト・フォーディ

ズムか』窓社
河西宏祐（1992）『聞書・電産の群像』平原社
河西宏祐（1999）『電産型賃金の世界』早稲田大学出版会
河西宏祐（2005）「能力給（電産型賃金）の査定基準」『人間科学研究』第18巻1号
Kenny, Martin. and Richard Florida. (1988) "Beyond Mass Production: Production and the Labour Process in Japan", *Politics & Society*, vol.16, no.1. （小笠原欣幸訳「大量生産を超えて」所収加藤哲郎／ロブ・スティーヴン編『国際論争・日本型経営はポスト・フォーディズムか』窓社1993年）
岸本英太郎編（1962）『日本賃金論史』ミネルヴァ書房
木本喜美子（1995）『家族・ジェンダー・企業社会』ミネルヴァ書房
木下武男（1999）『日本人の賃金』平凡社
基礎経済科学研究所編（1992）『日本型企業社会の構造』労働旬報社
熊谷徳一・嵯峨一郎（1983）『日産争議1953』五月社
熊沢誠（1997）『能力主義と企業社会』岩波書店
栗田健（1994）『日本の労働社会』東京大学出版会
黒田兼一（1984a）「企業内労資関係と労務管理（I）」『桃山学院大学経済経営論集』第26巻1号
黒田兼一（1984b）「企業内労資関係と労務管理（II）」『桃山学院大学経済経営論集』第26巻2号
黒田兼一（1986）「企業内労資関係と労務管理（III）」『桃山学院大学経済経営論集』第27巻4号
黒川俊雄（1955）「同一労働同一賃金の原則と婦人労働問題」『三田学会雑誌』第48巻第10号
益田哲夫（1954）『明日の人たち』五月書房
宮家愈（1959）『近代的労使関係』日本自動車産業労働組合連合会
森ます美（2005）『日本の性差別賃金』有斐閣
元島邦夫（1991）「『企業社会』と『生活価値』」『日本労働社会学会年報』第2号
村上寛治（1998）『労働記者の戦後史』労働教育センター
永野順造（1949）『戦後の賃金』伊藤書店
中村秀弥・粒良喜三郎・熊谷徳一（1979）「日産争議と職場委員会活動」『新地平』6月号
日本経営者団体連盟（1953）『今次の全自動車の賃金要求について』
西村豁通（1955）『社会政策と労働問題』ミネルヴァ書房
西村豁通・吉村励（1960）『日本の賃金問題』ミネルヴァ書房
日産自動車株式会社（1951）『有価証券報告書』第27期（自昭和21年8月11日至昭和25年12月29日）

日産自動車株式会社（1965）『日産自動車三十年史』
日産自動車株式会社調査部（1983）『21世紀への道日産自動車50年史』
日産自動車労働組合（1954）『日産争議白書』
日産労連運動史編集委員会（1992a）『全自・日産分会』上
日産労連運動史編集委員会（1992b）『全自・日産分会』中
日産労連運動史編集委員会（1992c）『全自・日産分会』下
野村正實（1993）『トヨティズム』ミネルヴァ書房
野村正實（2003）『日本の労働研究』ミネルヴァ書房
小越洋之助（2006）『終身雇用と年功賃金の転換』ミネルヴァ書房
大河内一男・松尾洋（1973）『日本労働組合物語戦後II』筑摩書房
大野威（2002）「賃金の公平性」『季刊家計経済研究』第54号
大沢真理（1993）『企業中心社会を超えて』時事通信社
Parker, Mike. and Jane Slaughter. (1988) *Choosing Sides: Unions and the Team Concept.,* Laobr Notes, South End Press.（戸塚秀夫監訳『米自動車工場の変貌』緑風出版1995年）
労働調査協議会・関西労働調査会議（1953）『賃金理論と賃金闘争』社会書房
労働省（1955a）『資料労働運動史昭和28年』労務行政研究所
労働省（1955b）『資料労働運動史昭和29年』労務行政研究所
労働省婦人少年局（1951）『男女同一労働同一賃金について』
嵯峨一郎（1981）「日産争議論序説」『社会科学紀要』（東京大学）31号
嵯峨一郎（1984）『企業と労働組合：日産自動車労使論』田畑書店
嵯峨一郎（2002）『日本型経営の擁護』石風社
斎藤一郎（1956）『戦後日本労働運動史』（上）（下）三一書房
参議院（1953）『第16国会労働委員会議事録』9月11日
佐藤浩一編（1976）『戦後日本労働運動史』上五月書房
下山房雄（1966）『日本賃金学説史』日本評論社
衆議院（1953）『第16国会労働委員会議事録』9月4日
鈴木良治（1994）『日本的生産システムと企業社会』北海道大学図書出版会
鈴木富久（1983）「戦後十年間・トヨタ労使関係の展開」『新しい社会学のために』第30号
高橋祐吉（1989）『企業社会と労働組合』労働科学研究所出版部
高島喜久男（1993）『戦後労働運動私史第2巻1950－1954』第三書館
戸塚秀夫・兵藤釗編著（1991）『労使関係の転換と選択』日本評論社
氏原正治郎（1966）『日本労働問題研究』東京大学出版会
氏原正治郎（1968）『日本の労使関係』東京大学出版会
Womack, James P., Daniel T. Jones, and Daniel Roos (1990) *The Machine That Changed*

the World., Simon & Schuster Adult Publishing Group.（沢田博訳『リーン生産方式が、世界の自動車産業をこう変える』経済界 1990 年）

山田和代（1997）「電産型賃金における『年齢』と『家族』」『大原社会問題研究所雑誌』第461号

山本潔（1977）『戦後危機における労働運動』御茶の水書房

山本潔（1978）「自動車工業における賃金体系」『社会科学研究』東京大学社会科学研究所紀要、第30巻第1号

山本潔（1981）『自動車産業の労資関係』東京大学出版会

山下東彦（2005）『戦略としての労働組合運動』文理閣

吉田誠（1999）「昇給表のアシンメトリー」所収　玉水俊哲・矢澤修次郎編著『社会学のよろこび』八千代出版

吉田誠（2002）「ゆらぎの中の働き方」所収　齊藤毅憲・石井貫太郎編著『グローバル時代の企業と社会』ミネルヴァ書房

吉田誠（2004a）「全自の賃金原則と日産分会の査定規制」上『大原社会問題研究所雑誌』第547号

吉田誠（2004b）「全自の賃金原則と日産分会の査定規制」下『大原社会問題研究所雑誌』第548号

吉田誠（2004c）「全自解散前後の日産の労使関係の動向」『香川大学経済論叢』第77巻3号

吉田誠（2005）「1952年の全自の賃金要求」『香川大学経済論叢』第78巻1号

吉田誠（2006a）「全自の賃金原則と日産労組の賃金四原則」所収新原道信・奥山眞知・伊藤守編『地球情報社会と社会運動』ハーベスト社

吉田誠（2006b）「1952年夏の全自日産分会のプレミアム闘争」『大原社会問題研究所雑誌』第571号

吉村励（1957）「賃金問題における一論点」『経済評論』二月号

全日本自動車産業労働組合日産分会（1953）『自己批判書（案）』

全日本自動車産業労働組合日産自動車分会（1954）『続明日の人たち』

索　引

【あ】
赤堀正成　　7, 9, 16, 70, 72, 75, 77

【い】
飯島光孝　　56, 126, 127, 129, 153
石田光男　　24, 57

【う】
氏原正治郎　　55, 82

【え】
遠藤公嗣　　5, 24, 56

【お】
横断賃率論　　14, 15
大野威　　162

【か】
改善活動　　151
家族賃金　　5, 13, 23, 24, 73
上井喜彦　　7, 8, 17, 26, 74, 75, 93, 97, 110
河西宏祐　　23, 32, 125

【き】
企業社会　　23, 112, 132, 163
岸本英太郎　　14, 72
木下武男　　7, 15

【く】
熊谷徳一　　15, 23, 29, 126, 153
熊沢誠　　5, 56
栗田健　　25
グループ活動　　140, 141, 142

【く（黒）】
黒田兼一　　28, 40

【さ】
サービス残業　　146, 147, 150, 151, 160
嵯峨一郎　　15, 29, 93, 97, 110, 124, 129
査定規制　　28, 34, 52, 53, 54, 74, 122, 124, 160
査定　　5, 27, 28, 31, 35, 36, 48, 52, 53, 54, 88, 121, 123, 124, 138, 142, 158, 161
残業　　97, 101, 110, 147, 148, 149, 150

【し】
塩路一郎　　8, 157
下請単価規制　　116, 119
支払い能力論　　33, 117
下山房雄　　81
職階給　　4, 6, 35, 64, 90
職場規制　　7, 8, 149, 160
職務給　　4, 6, 64, 70, 90, 121
職務分析　　161, 162
ジョブ・レート　　69, 120, 124
人事考課　　35, 36, 47, 48, 49, 50, 51, 53, 121, 161, 162, 163

【す】
鈴木富久　　24
鈴木良治　　56

【そ】
総合決定給　　34, 37, 39
総評（日本労働組合総評議会）　　3, 24, 29, 30

【た】

待命　137, 139, 143, 144, 145, 146, 152
単一型（の賃金）　34, 63, 114

【ち】

千葉利雄　16, 54
賃金原則　5, 7, 10, 14, 17, 19, 27, 29, 59, 61, 74, 76, 79, 83, 89, 106, 107, 109, 112, 113, 114, 115, 122, 158
賃金四原則　112, 113, 116, 121, 122, 123, 161

【て】

「低賃金、管理賃金に対する私の抗議書」　42, 75
電産型賃金　4, 5, 6, 23, 24, 27, 32, 33, 34, 54, 86, 90, 114, 158, 160

【と】

同一価値労働同一賃金　7, 16, 23
同一労働同一賃金　5, 6, 17, 27, 30, 31, 34, 62, 63, 66, 73, 74, 76, 79, 81, 119, 124, 158, 159, 160

【な】

中村秀弥　54, 58

【に】

日経連（日本経営者団体連盟）　3, 6, 25, 83, 89, 90, 91, 92, 96, 159

【ね】

年齢給（年令給、年令別給）　16, 18, 86, 87, 90, 159

【の】

能力給　4, 5, 24, 27, 30, 31, 32, 34, 63, 122
能力主義　6, 23, 36, 121, 124, 161, 162
野村正實　25, 57

【は】

浜賀コレクション　22, 28, 42, 61, 83, 95
浜賀知彦　22, 28, 57

【ふ】

藤田若雄　80, 129
藤本武　82
プレミアム闘争　93, 94, 95, 101, 103, 105, 106, 107, 109, 159
プロトタイプ（賃金原則の）　21, 29, 31, 32, 107, 158

【へ】

併存型（の賃金）　31, 34, 63, 114

【ま】

マーケット・バスケット方式　4, 18, 30, 33, 45, 62, 87, 90
益田哲夫　29, 40, 55, 57, 60, 65, 66, 67, 74, 80, 81, 148, 163

【み】

宮家愈　116, 120

【も】

森ます美　23

【や】

山下東彦　25
山田和代　24

山本潔　　4, 54, 56, 93, 97, 129

【り】
理論生計費　　4, 45

【ろ】
六本柱の賃金　　10, 11, 14, 16, 17, 59, 60, 66, 67, 68, 69, 73, 75, 78, 79, 158

■著者紹介

吉田　誠（よしだ　まこと）

1964年　香川県に生まれる。
1990年　一橋大学社会学部卒。
1995年　一橋大学大学院社会学研究科博士課程単位取得退学。
1995 - 2004年　横浜市立大学商学部講師、助教授。
2004年　香川大学経済学部助教授をへて、
　現在　香川大学経済学部教授。

共著
Innovative Arbeitspolitik?: Zur qualfizierten Produktionsarbeit in Japan, Campus Verlag, 1998.
主要論文
「A社特装車組立工程における職場の相貌」『日本労働社会学会年報』第4号　1993年。
「労働過程における主体分析の枠組」『一橋研究』103号　1994年。
「全自の賃金原則と日産分会の査定規制」上下『大原社会問題研究所雑誌』第547号、第548号　2004年。

〔香川大学経済研究叢書22〕

査定規制と労使関係の変容
― 全自の賃金原則と日産分会の闘い ―

2007年3月16日　初版第1刷発行
2008年2月18日　初版第2刷発行

■著　者――吉田　誠
■発行者――佐藤　守
■発行所――株式会社 大学教育出版
　　　　　〒700－0953　岡山市西市855－4
　　　　　電話(086)244－1268㈹　FAX(086)246－0294
■印刷製本――モリモト印刷㈱
■装　丁――ティーボーンデザイン事務所

Ⓒ Makoto YOSHIDA 2007, Printed in Japan
検印省略　落丁・乱丁本はお取り替えいたします。
無断で本書の一部または全部を複写・複製することは禁じられています。

ISBN978－4－88730－739－1